漢籍の遥かな旅路

出版・流通・収蔵の諸相

京大人文研漢籍セミナー 7

中砂明徳
矢木　毅 著
宮　紀子

研文出版

はじめに

デジタル・デバイス、電子書籍の急速な普及により、今や世界のあらゆる書籍が居ながらにして閲覧できる時代が近づこうとしています。しかし今のところ、電子書籍を通してはさすがに紙の手触りまでは伝えることができないようです。

ほとんど劣化することなく、大量に複製することのできるデジタル書籍とはちがって、旧時代の漢籍は版ごとに異なり、刷りごとに異なって、ほとんどが「一点もの」といっても過言ではありません。さらに、流通・収蔵の過程で題記や蔵書印等の個性が加わると、「一点もの」としての性格はますます強まります。天下の孤本とされるような秘籍はもとより、各図書館に収蔵されているごくありふれた漢籍についても、一点一点にそれぞれ秘められた来歴があるのではないでしょうか？

漢籍のそうした魅力を引き出すべく、当センターでは毎年「漢籍担当職員講習会」を開催し、図書館業務の最前線でお勤めの皆様とともに漢籍の取り扱いについて学んでいます。またその成果を広く一般社会の皆様と共有すべく、「TOKYO 漢籍 SEMINAR」を開催して今年で第十二回を数えるに至りました。

本冊子は二〇一七年三月十八日（土）に東京の一橋講堂中会議場において開催した上記第十二回講演会の講演内容を再編して収録したものです。当日は当センター長・稲葉穣（当時）の開会挨拶に始まり、研究所教員二名の講演に加えて研究所OBである中砂明徳教授にも御登壇いただき、計一六七名の皆様のご清聴を得ることができました。

ユーラシア大陸の東西を跨いだ書物・情報の伝達や、東アジア域内における漢籍の流通について紹介した各講演の内容が、本冊子を通してさらに多くの皆様に味読していただけることを希望します。

「古いけれども古びない　歴史があるから新しい」をキャッチコピーとする本シリーズの旅路はまだこれから。引き続きご支援・ご愛読のほどをお願いします。

矢木　毅

二〇一七年九月

目次

明末の天主教漢籍と日本のキリシタン版

中砂明徳

二つの発見

二〇〇九年、その存在は知られていたものの、行方不明となっていた幻のキリシタン版『ひですの経』（一六一一年刊）が、ルネッサンス期思想のキリシタン版への投影を研究している折井善果によってハーバード大学ホートン図書館において発見された。近世日欧交流史研究の大家である岡本良知がドイツの古書店の目録に掲載されていた同書のタイトルページを紹介してから八十三年ぶりに研究者たちの前に姿を現したことになる。じつは、それより前に、京都帝大文学部の言語学教授に着任する前に洋行した新村出（一八七六―一九六七）が実物を目撃していたのだが、その時には本の価値に気付かず、あとで地団駄を踏んでいる。

同書は十六世紀スペインの大宗教家ルイス・デ・グラナダのベストセラー『使徒信条入門』（*Introducción del Símbolo de la Fe*）第一巻の抄訳である。ちなみに本書の校閲に名を連ねている原マルチノはキリシタン版を出版した印刷機を日本に持ち帰った天正少年使節の一人だが、リスボンでグラナダと会見している。本書の発見は同年九月十七日付の朝日新聞夕刊で報じられ、その後折井らによる研究成果が公にされ、キリシタン版研究を活性化させている。

一方、中国では二〇一一年に上海の徐家匯蔵書楼（徐家匯は明末キリスト教界最大のパトロンであった徐光啓の地所だったところで、アヘン戦争後ここに拠点を定めたフランス人イエズス会士が一八四七年に蔵書楼を作った）で現存最古の白話訳『聖書』の稿本が発見された。これはフランスのイエズス会

図版１　徐家匯蔵書楼（『百年影像歴史回眸：中西交融的徐家匯』上海錦繡出版社、二〇〇九）

士で乾隆帝時代に来華し、カスティリオーネ亡きあとの画院で奉仕し、一七七三年のイエズス会解散後も北京に残って聖書の満洲語訳（東洋文庫所蔵）なども行ったルイ・アントワーヌ・ド・ポワロ（賀清泰、一七三五―一八一三）の手になるものである。徐光啓の十二世孫で蔵書楼の長であった徐宗沢神父の『明清間耶穌会士訳著提要』（一九四九。イエズス会創立四〇〇周年を記念して一九四〇年に刊行されるはずだったが、戦争のために遅れた）の劈頭を飾っているにもかかわらず、その後行方知れずとなっていたが、半世紀以上の時を経て再発見され、その二年後には、台湾で刊行された『徐家匯蔵書楼明清天主教文献続編』に収録され、さらに翌年には大陸から点校本が出版されて一般の研究者が容易に目睹できるようになった。今後本書をめぐる研究が盛んになることが予想される。

刊本と稿本の違いはあれ、埋もれていたこれら二書の再発掘は、日中両国の近世におけるキリスト教伝道と受容の問題を考えるうえでともに大きな意義を持つものである。しかし、日本のキリシタン文献と中国の天主教文献の研究史のこれまでの歩みはずいぶん異なるものであった。それ故にか、両者をクロスさせて考えようという試みは今までほとんどない。本稿は、これまでの研究の道程を振り返り、両文献群を比較の相のもとに眺めることで、今後の研究の可能性を提示しようとするものである。

なお、本稿で明末に宣教師によって出版された漢籍に「天主教」を冠するのは、現在においても天主教＝カトリック、基督教＝プロテスタントという呼称が中国・台湾で使われているからである。もともとデウスに「天主」の語を充てたのはイエズス会士による布教初期に始まることで、「天主教」の語も明末の朱子学者陳龍正の『幾亭外書』巻二に「天主教」という文章が収められているように、外からも使われた呼称である。

キリシタン文献研究の歩み

筆者のような門外漢にも、キリシタン版研究の今日の達成点を一望できる本が二〇一三年に出ている。現在の研究をリードする豊島正之の編になる『キリシタンと出版』（八木書店）である。充実した諸論考に加えて、巻末の「イエズス会刊行キリシタン版一覧」などの付録が実に有用である。

本書には、これまでのキリシタン版研究の歴史を振り返る文章は収録されていないが、前掲の折井が二〇一五年に海外のジャーナルに寄せた英語論文中の「パジェス（一八五九）から豊島（二〇一三）まで」と題する一章がその役割を果たしている。取り上げられるのは、レオン・パジェス（一八一四―八六）、アーネスト・サトウ（一八四三―一九二九）、ヨハネス・ラウレス（一八九一―一九五九）、富永牧太（一九〇二―九六）ら天理図書館の仕事、そして豊島の編著である。

吉田小五郎の訳になる『日本切支丹宗門史』（岩波文庫三巻本）で知られるフランスの外交官パジェスは、一八五九年に出版した『日本図書目録』でキリシタン版を二十一点挙げている（ただし、実見したもの以外に、史料から抽出したものが多数含まれる）。萩原延壽のライフワーク『遠い崖』（朝日新聞社）で知られるイギリスの外交官サトウの『日本キリシタン版書誌』（一八八八）は、彼が日本そしてヨーロッパ各地で新たに発見したものを加え、今日の研究の基礎をつくったものである。なお、彼の探究に手がかりを与えたイエズス会年報コレクションは一九一四年に京都大学附属図書館に帰している。さらに、一九三九年に上智大学にキリシタン文庫を開設

図版２　サトウの蔵書印
（『薩道先生景仰録』）

したイエズス会士ラウレスの『キリシタン文庫』（徐宗沢と同じく会創立四百周年を記念して一九四〇年に刊行）の一九五七年増補版では三十五点にまで増えている（ただし、この中には印刷機が日本に持ち込まれる以前とマカオに搬出されて以後の出版物も数えられ、この時点では行方が分からなかった『ひですの経』も勘定に入っている）。

キリシタン版の多くは海外の図書館に所蔵されているが、国内でもっとも多い七点を所有する天理図書館編の『きりしたん版の研究』（一九七三）には、図書館とともに歩んできた富永らの書誌、印刷・活字史研究の成果が収められている（ただし、ラウレスと異なり、キリシタン版を国内印刷のものに限定している）。その四十年後に出た豊島の編著では、ラウレス方式にもとづき、現存するキリシタン版は四十一点となっているが、断簡や付録も一点と数えられている。その間に新たに見つかったのは、『ひですの経』のほかに、一九八五年にフィリピンを訪れた八木書店の店主らがサント・トマス大学図書館で遭遇したナバルスの『告解提要』だけである。また、四種の「ドチリナ・キリシタン」をはじめ、約半数が天下の孤本である。

折井論文がたどっているのは書誌・版本学方面での研究史であるが、日本の場合に顕著なのは、大正末年から昭和初期にかけての「南蛮趣味」が研究の背景に存在していたことである。一九二一年で十八版を重ねた新村出の『南蛮更紗』（一九二四）、日本思想史の村岡典嗣（一八八四―一九四六）の『吉利支丹文学抄』（一九二六）、西洋史の亀井高孝（一八八六―一九七七）が翻字した

『天草版平家物語』（一九二七）、国語学の橋本進吉（一八八二―一九四五）が東洋文庫所蔵本を翻刻した『文禄元年天草版吉利支丹教義の研究』（一九二八）、この分野における新村の伴走者であった考古学の浜田青陵（一八八一―一九三八）が著した「時間を越えたイタリア案内記」ともいうべき『天正遣欧使節記』（一九三一）、天理図書館にキリシタン版を集めた真柱中山正善の師である宗教学の姉崎正治（一八七三―一九四九）の『切支丹宗教文学』（一九三二）といったように、集中的かつ多分野の研究者による本の出版には、井上章一が『南蛮幻想』（文藝春秋）で描いたような時代背景が存在した。キリスト教史の海老沢有道（一九一〇―九二）や国語学の土井忠生（一九〇一―九五）らの戦後にわたる息の長い活躍、ヨゼフ・シュッテ（一九〇六―八一）によるバレト写本の紹介（一九四〇）など日本ゆかりのイエズス会士たちの仕事も逸することはできない。

天理『研究』と豊島本の間にも、複製本（雄松堂・勉誠社）や翻字・注解（教文館のキリシタン文学双書シリーズ）の作業は継続して行われてきた。過去一世紀有余にわたる日本の研究の蓄積の厚みは、上智大学ラウレスキリシタン文庫データベースを一瞥しても感じることができるだろう。

関心の偏り

二〇一四年にバチカン図書館収蔵の文献を集めて中国で出版された『梵蒂岡図書館蔵明清中西文化交流史文献叢刊（第一輯）』四十四冊の第一冊目には、康熙帝時代に活躍したイエズス会士アントワーヌ・トマによる「天主聖教書目・暦法格物窮理書目」が収められている。これは、マテオ・リッチとともに中国布教の道を切り開いたミケーレ・ルッジェーリの『天主実録』（一五八四）以来一世紀間にわたってイエズス会士ないし信者が出版した書名を列挙したものである。信仰に直接かかわる「聖教書目」が百二十三点、科学・哲学の「暦法格物窮理書目」が八十九点上がっており、単純にキリシタン版と数を比較すると、その五倍以上になる。しかも、これがすべてというわけではなく、稿本・写本も含めた明末清初の文献の点数は数百点に達するともいう。

しかし、これらの書物が、ひとしなみにキリシタン版のような注目を集めてきたかというと否である。むろん、かなり以前から研究者の関心を引いた書物はいくらもある。たとえば、ガリレオの天体観測の成果をいち早く紹介した陽瑪諾（エマヌエル・ディアス）の『天問略』（一六一五年序）は、若年期に中国で布教し、孫文の『三民主義』を仏訳してその宣伝に一役買い、帰欧後は中国イエズス会史研究に多大な貢献を成したイエズス会士パスクワーレ・マリア・デリア（一八九〇—一九六三）による紹介を受けて、科学史の大家ジョゼフ・ニーダムが取り上げて有名になった。しかし、ディアスを福音書の注解である『聖経直解』（一六三六年序）さらには『キリストに倣いて』の翻訳である『軽世金書』の著者としてトータルに認識している人はおそらくあまりいないだろう。手元にある山川出版社の高校世界史の教科書『詳説世界史』（二〇一三）を見ると、マテオ・リッチへの言及の後に「キリスト教が庶民層にまで広まった日本と異なり、中国では、ヨーロッパの自然科学や軍事技術に関心をもつ士大夫層がキリスト教を受け入れた。リッチが作製した世界地図の『坤輿万国全図』は、中国に新しい地理知識を広め、日本などにも伝えられた。西洋暦法による『崇禎暦書』や「ユークリッド幾何学」の翻訳である『幾何原本』なども刊行された」とある。受容層についての日本との対比は単

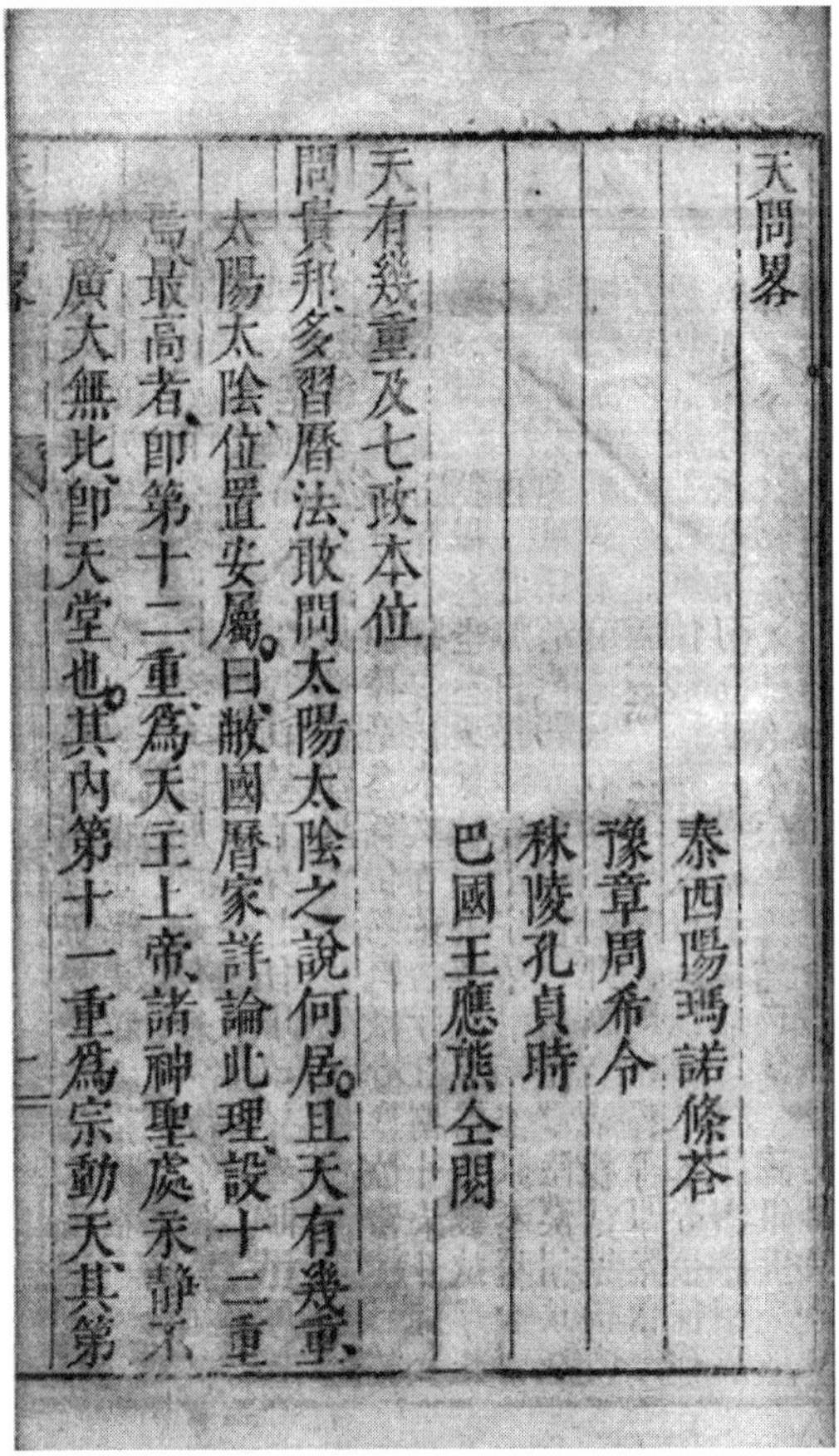
天問畧
泰西陽瑪諾條答
豫章周希令
秣陵孔貞時
巴國王應熊全閲
天有幾重及七政本位
問貴邦多習曆法敢問太陽太陰之說何居且天有幾重
太陽太陰位置安屬曰敝國曆家詳論此理設十二重
焉最高者即第十二重爲天主上帝諸神聖處永静不
動廣大無比即天堂也其內第十一重爲宗動天其第

図版3　『天問略』（東アジア人文情報学センター所蔵）

純に過ぎるが、今は措く。ここで問題にしたいのは、リッチの主著である『天主実義』が出てこないことである。おそらく北京の墓所に眠っているリッチにとって甚だ遺憾な事態であろうが、これを不思議とする感覚はおそらく一般にはないだろう。それは、リッチと一対になっている画像が教科書に載る徐光啓も同じことで、彼については『幾何原本』あるいは『農政全書』の作がよく知られているが、彼がキリスト教について書いた文章が注目されることは少なくとも日本においてはほとんどない（中国では近年刊行された『徐光啓全集』にそうした文章も収録されている）。つまり、布教よりも目的達成のための手段である科学のほうが注目を集めがちなのである。むろん、『天主実義』の意義は学界では広く認められている。英訳（一九八五）、和訳（二〇〇四）、仏訳（二〇一三）も出ている。リッチ自身の人気については言うまでもない。伝記は十指に余るし、リッチ没後四百周年の二〇一〇年には世界各地で様々なイベントが行われ、中国では、北京・上海・南京・マカオで巡回展覧会が開かれて、出展された山水画（遼寧省博物館所蔵の「野墅平林図」）がリッチの作かどうか議論を呼んでいる。一方、台湾ではカトリックの輔仁大学で国際学術会議が開催され、世界から三百名以上の学者が参加している。アメリカの国会図書館では、ジェイムズ・フォード・ベル・トラストがロンドンの古書商から百万ドルで購入した『坤輿万国全図』の展観が行われ、イタリアではマルタ騎士団が神父の側近くにあった中国人助修士游文輝作のリッチ像を記念切手にしている。

図版4　游文輝作リッチ画像（ローマのジェズ教会所蔵）

現在、列福への動きも始まっているリッチだが、ずっと人気を保ってきたわけではない。没後三百年の前年の一九〇九年に発見されたリッチの布教記録のイタリア語稿本と書簡等をイエズス会士ピエトロ・タッキ・ヴェントゥーリが公刊したことが、「復権」のきっかけとなった（それまで、リッチの「入華記」は、後述するニコラ・トリゴーのラテン語編訳本でしか知られていなかった）。さらに、前掲のデリアが一九三〇〜四〇年代にかけて『坤輿万国全図』の影印・研究、リッチの稿本の詳細な注解を出したことが、中国以外の学界におけるリッチの盛名をもたらした（なお、稿本の英訳はいまだにない。日本語訳は一九八二―三年、台湾における中国語訳が一九八六年、そして大陸における翻訳が二〇一四年に出ている）。さらに第二バチカン公会議（一九六二〜六五）の宗教間対話の推進が、布教における現地への「適応」策を取ったリッチの価値を再発見させることになった。現在、適応のチャンピオン、異文化交流の成功者としての人気はすでに不動のものと言ってよい。なお、彼の師であり上司でもあったアレッサンドロ・ヴァリニャーノは一般的な人気の点ではリッチに劣るものの、逝去後四百周年を記念して故郷のキエティで国際シンポジウムが開かれ、ようやく伝記も書かれるようになった。彼に対する評価についてもリッチとほぼ同様で、イエズス会の後輩による顕彰なかりせば、今日の盛名はありえない。ヴァリニャーノの場合、リッチにおけるデリアにあたるのが前掲のシュッテである。

したがって、リッチについては『天主実義』に止まらず、キケロなど西哲の言を下敷きにした『交友論』（近年英・伊語訳が出た）、比較文学研究者の平川祐弘が『マッテオ・リッチ伝』でとりあげた『二十五言』、『天主実義』の翻訳者柴田篤が重要度を認める『畸人十篇』（二〇一〇年に伊語訳が出た）、イギリス人の著名な中国史家ジョナサン・スペンスが『マッテオ・リッチ記憶の宮殿』（日・中訳あり）のコンセプトに使った記憶術の書『西国記法』などにも関心が寄せられている（ヴァリニャーノの人気が今一つなのは、リッチのように布教の現場で汗を流していない「司令塔」であることに加えて、彼の著作にリッチのような多様性がないことにもよるだろう）。

これらの著作からは、数学者（幾何原本）、西洋から来た儒士（天主実義、交友論、二十五言）、ルネッサンス人（西国記法）としてのリッチ像が示されるが、福音の伝道師の姿は直接には浮かび上がってこない。むろん、『天主実義』は天主＝デウスについて説いているが、書物の末尾にきてようやく受肉したイエス・キリストが登場するのであって、イエスという人間＝神については明確なイメージは浮かび上がらないし、信仰生活について触れるところもない。本書の表向きのメッセージは、「古代儒教はキリスト教の神（「上帝」＝「天主」とみる）を知っていたのに、偶像教の流入により原初の姿が失われてしまった。その真面目を取り戻す手伝いが我々西士にはできる」というものなのである。

リッチには『天主教要』という著作もあって、ここでは信仰としてのキリスト教が簡潔な形ではあるが明示されている。しかし、研究者の間でもこのテクストに注意を払う人は今のところごく少数である。リッチの死の前年には、中国全土で信者は二五〇〇人になっていたという。彼が中国内地に入ってから四半世紀余りが経過していることを考えれば、決して多い数とは言えないが、リッチの記録に登場する徐光啓らエリート士人は信者の中でも少数派であって、宣教師が広めた福音を受け止めた名もなき人々が少なからずいたということでもある。さらに、リッチの後輩のマルティノ・マルティニによれば、明末には信者数は六〜七万に増加している。人口が中国より少ない日本やベトナムで当時十万単位の信者がいたことを考えれば少ないが、急カーブを描いて上昇しているのは確かである。そして、同じ時期に多くの天主教漢籍が作られ、出版されているのである。

民国期の関心

中国においても、研究の口火を切ったのは西洋人であった。日本のパジェスやサトウに相当するのは、フランスのアンリ・コルディエ（一八四九―一九二五）である。もっとも、彼の東洋学への貢献はパジェスやサトウよりも幅広いので、イエズス会士を中心とした宣教師の著述目録（一九〇一）は、その中ではむしろ目立たない（彼は、前掲のフランス国立図書館所蔵の目録を既に利用している）。

日本と違うのは、イエズス会士が拠る上海徐家滙蔵書楼の存在である。後に触れるルイ・フィステー（費頼之、一八三三―九一）の『在華耶穌会士列伝及書目』は、彼が一八七〇年から関わった蔵書楼の存在なくしてはありえなかったし、徐光啓の十二世孫である中国人会士徐宗沢にしてもそれは同じである。

一七七三年に解散したイエズス会は一八一五年に復活し、イエズス会士が中国に復帰したのはアヘン戦争の後だが、開国後の日本ではかくれキリシタンの発見で有名なベルナール・プティジャン（一八二九―八四）が属するパリ外国宣教会に司牧が託され、イエズス会が日本に復帰したのは二〇世紀に入ってからであり、一九一三年にその教育機関として上智大学が設立された。キリシタン版研究に最大の貢献を成した前掲のラウレスが来日したのは一九二八年、つまり南蛮趣味を背景としたキリシタン版熱の発生後のことであった。

ザビエルを研究したゲオルグ・シューールハンマー（一八八二―一九七一）、そして前掲のシュッテは日本イエズス会史研究全般に巨大な足跡を残しているが、彼らの主たる活躍の場はローマのイエズス会歴史研究所であった。一九三四年に来日したフーベルト・チースリク（一九一四―九八）のように宣教の傍らキリシタン研究に貢献した人もいるが、それは戦後随分経ってのことであり、全般的にみて戦前の日本の研究においてイエズス会士が占める比重は小さい。中国では、前掲のデリアの他にも、一九三〇〜四〇年代に『マテオ・リッチと当時のシナ社会』などの著作を立て続けに天津で刊行したアンリ・ベルナール（裴化行、一八八九―一九七五）が徐家匯にも籍をおいていたことがあるし、いまなお明末布教史の古典の地位を保っている『巨人たちの世代』の著者ジョージ・ダン（一九〇六―九八）もわずか一年ながら布教の経験を有している。在華イエズス会士の研究を切り拓いていったのは、彼らの後輩たちだったのである。

しかし、それとともに逸することができないのが、中国人クリスチャンの存在である。キリシタン版熱と同じころに天主教文献に関心を寄せる中国人が存在し、その多くは徐家匯とのつながりを持っていた。前掲のバチカン図書館収蔵文献の出版を仕掛けた張西平が同叢書の序文に代えて載せた文章は、天主教文献の掘り起しに貢献した人物として馬相伯（一八四〇―一九三九）、英斂之（一八六六―一九二六）そして陳垣（一八八〇―一九七一）を挙げる。馬は若いころにイエズス会に入っていたことがあり、脱会後もカトリックの知識人として重きをなした。英はやはりカトリックの信者で輔仁大学の礎を築いた人、陳は民国期屈指の学者の一人で、一九一九〜二〇年に新教に入信したとみられ（本人は、後年入信についてほとんど触れなくなるが）、輔仁がまだ北京にあった頃その学長を務めていた。明末天主教の「三大柱石」の一である李之藻が編んだ天主教文献の叢書『天学初函』(前掲の『天問略』が収められている)を英斂之が馬相伯と図って重刻しようとして、陳垣もこの計画に関与したが、収録作品の中には単行で出回っているものも多かったので、実現には至らなかった(ちなみに、デリアが金陵大学図書館から借り出したまま帰国の際に携行したものが後に台湾に返されて影印されることになる)。

三人が関わって刊行までこぎつけたテクストに、ポルトガルのコインブラのイエズス会コレジオで使われたアリストテレス論理学の教本をフランシスコ・フルタドと李之藻が共訳(「共訳」に傍点を付す)した『名理探』がある。その前五巻の抄本が徐家匯蔵書楼にあったが、これを馬→英→陳の順にそれぞれ写し、一九二六年に陳の「李之藻伝」を付して輔仁社から刊行された。しかし、陳垣は完本を求めて、ポール・ペリオ(一八七七—一九四五)にパリ国立図書館蔵本の写真撮影を乞うている。けっきょく、徐家匯蔵書楼がパリから後五巻の写真を入手し、商務印書館から全十巻が刊行された。ここで注意すべきは、三柱石とされる徐光啓・李之藻・楊廷筠のうち近代的伝記が書かれたのが、徐光啓(黄節「徐光啓伝」『国粋学報』一九〇六)と李之藻であって、同時代の信者の手によって伝記が書かれていた楊廷筠(「楊淇園先生超性事蹟」)ではないということである。これは徐・李が西洋科学の導入に深くかかわったからであって、逆にそうした著述がない楊廷筠は、一九八八年にイエズス会士ニコラス・スタンデルトの研究が出るまで中国ではあまり注目されなかったのである。

また、『名理探』が「共訳」であることにも注意したい。この時期の中国において、宣教師と知識人信者がタッグを組んで科学的著述を残したことを強調するのには、当時新教（基督教）に比べて知識人に余り評判のよくなかった天主教の過去の知的遺産を掘り起こすと同時に、それに中国人信者が大きくコミットしていることを、中国人信者の目から見れば圧制的なフランス人イエズス会士に示すという意味もあったのである。

さて、張西平は以上の三人についで、外遊して文献を集めた向達・王重民、データ整理の面で多大な貢献を成した徐宗沢・方豪両神父をとりあげる。

中国目録学の父である王重民（一九〇三―七五）、中西交通史で名高い向達（一九〇〇―六六）はそれぞれ一九三四、三五年に北平図書館から欧州出張を命じられた。彼らの第一の任務は、スタインやペリオら西洋人に「劫掠された」敦煌資料の探査にあり、じじつこの後彼らは敦煌学に貢献することになるのだが、あわせて天主教文献の調査も行ったことはその前に霞んでしまっている。とりわけ注目すべきは、在欧足かけ五年に及んだ王重民の活動で、バチカン図書館等を訪れた（調査にはデリアの紹介を得ている）副産物として「欧州所蔵明清之間天主教士訳著述書録」を編纂している。その稿本が行方知れずとなっているのは甚だ惜しまれる。

彼はその後米国に渡って調査を継続し、目録・書誌学全般にわたって多大な業績を残すことになるが、天主教文献との関わりは目立たなくなる（名著『中国善本書提要』にもごくかすかな残響しか認められない）。ただ、『徐光啓集』の編集（一九六三）と死後の小評伝『徐光啓』の出版（一九八一）がかろうじて彼の前半生の名残をとどめている。

徐宗沢の『明清間耶穌会士訳著提要』は、「提要」というより序跋の収録に重きを置いている。十年前に公刊された陳垣の「明末清初教士訳著現存目録」が、著者と初刻年そして陳垣当時の通行本の刊刻地しか示さない講義録の手控えであるのに比べれば著しく充実しているが、刊刻の事情や書物の内容に関する情報は余り得られない。巻十には、徐家匯に加えてパリやバチカン所蔵の「訳著書目」を載せるが、前者はモーリス・クーランの『パリ国立図書館蔵中国・朝鮮・日本書目録』から採ったものであり、後者には断りがないが、あるいは向・王をヨーロッパに派遣し、自らもバチカンを訪問した北平図書館長袁同礼の「目録」にもとづいたものであるかもしれない。なお、本書は前掲のフィステー『入華耶穌会士列伝及書目』（一九三二年刊）とともに、いまなお中国イエズス会研究の「神器」となっているが、両者とも改訂の余地を大きく残している。

方豪（一九一〇―八〇）の編集になる『上智編訳館館刊』（一九四六―四八）は、日中戦争直後の中国公教（カトリック）界の「知の窓口」ともいうべき機関誌であるが、天主教文献に限ってみてもここまで上げてきた人たちがすべて登場する。日本や欧州の研究成果にも意を払っていて、たとえば、代表作『日英交通史之研究』で知られる経済史学者武藤長蔵（一八八一―一九四二）が、ルドヴィコ・ブリオが清初に著したトマス・アクィナス『神学大全』の紹介書『超性学要』を論じた著書をとりあげているし、刊行が開始されていたデリアの『リッチ注解』に対する方豪の書評も載っている。デリアは本書の序文で中国側資料の補充に助力した向達と袁同礼に感謝するとともに、教皇庁とファシスト政権のコンコルダートを背景とした国威発揚の象徴として本出版を位置づけており、それに鼻白んだ方豪の書評はいささか辛口である。

しかし、本誌は共産党の中国制覇を前にして途絶した。方豪は台湾に去り、徐家匯の天主教文献の一部はフィリピンに緊急避難する（のち、台湾に移送）。以後、方豪は呉相湘編「中国史学叢書」所収の『天主教東伝文献』（一九六五）、『天学初函』（一九六五）、『天主教東伝文献続編』（一九六六）『同三編』（一九七二）―バチカン蔵本の影印本―の出版に大きく寄与した。

前世紀末からの潮流

さて、張西平の文章に戻る。筆はここでいきなり「改革開放後」に飛び、共産中国成立以後文化大革命期を経て一九八〇年代に入るまでの空白期間に触れることはない。この間のことを陳垣に即して述べるならば、彼は戦時中から輔仁の学長として当然キリスト教徒との関わりは持ち続けながらも天主教研究にはタッチせず、国共内戦後に輔仁大学と併合した北京師範大学の学長に横滑りした。キリスト教に関連する文章としては師の英斂之を「外国人宣教師の横暴に抵抗した愛国的キリスト教徒で三自運動―外国教会の影響力を排除する「自治・自養・自伝」―の先駆者」として顕彰する文章を朝鮮戦争中に公にしたのが目につく程度であり、一九六二年には、『徐光啓集』の編集にあたっていた王重民からの問い合わせに刺激されたのか、「関于徐光啓著作中一個可疑的書名」という文章を『光明日報』に発表しているが、内容自体はキリスト教と関係がない。

陳垣に私淑した方豪が新天地で、やはり台湾史研究に傾斜しつつも、教会人としての活動の傍ら研究を続行し、クラシカルな『中国天主教史人物伝』(一九六七)を刊行したのと好対照をなす。それは、そのまま大陸と中国の差でもあった。

張西平が「近三十年来」の成果としてまず取り上げるのは二人の西洋人学者、フランスのジャック・ジェルネ(謝和耐、一九二一―)とオランダのエーリク・チュルヒャー(許理和、一九二八―二〇〇八)である。二人は二十世紀後半を代表するシノロジストで、ともに中国文明を長尺のレンジで把握しようとするが、その仕事の中に「キリスト教と中国文明の出会い」というテーマもあった。ジェルネは『中国とキリスト教』(一九八二、漢語訳をはじめ多国語に翻訳されている)でキリスト教を批判した中国人士の著作、チュルヒャーは信者ないしシンパのサークルで生み出された著述、と主に扱う対象は異なるが、従来の宣教師を主役とする研究からの転換を図った点が共通している。これに、宣教師と中国人の間のインタラクションに注目するイエズス会士ニコラス・スタンデルト（鍾鳴仁、一九五六―）を加えることもできよう。むろん、こうした研究の背景には、西欧中心的なオリエンタリズム批判（「中国本位」史観）が存在する。

張は次に前世紀末から文献の整理・公刊が目覚ましく進んでいることに触れる。その中から影印版の集成のみを挙げれば、徐家匯（一九九六、二〇一三）、ローマイエズス会文書館（二〇〇二）、フランス国家図書館（二〇一三）、そして張自身が編集中のバチカン図書館（二〇一四）がある。これらの出版によって、版本・稿本・写本の鬱然たる天主教文献群が一般の研究者の前にも姿を現すことになったのである。ただ、注意しておきたいのは、張の編になるバチカン本がこれまでの「天主教文献」と違い、「中西文化交流史文献」と銘打っていることである。既出版の第一輯は「天主教文献」のカテゴリーに収まるものばかりだが、張の文章によれば以後は一般の漢籍の影印も予定されているということなので名実相副うている。しかし、それはキリスト教の比重が減じていることも意味する。これまでの影印が台湾で行われ（徐家匯の初編は、前述した台湾渡り本を公刊したものであり、続編はもはや珍しくもない「両岸」の合作の成果である）、西洋人研究者（スタンデルトら）主導であったことと合わせて考えれば、この快挙の意味も複雑な色合いを帯びてくる。なお、この事業はもともと「国家清史編纂工程」の一環をなしている。

張西平は、このバチカン所蔵漢籍の刊行の素地となった三人の仕事に言及することを忘れていない。すなわち、一九二二年のバチカン短期滞在中に所蔵漢籍の簡単な目録を作ったポール・ペリオ、以後バチカンに置かれていたものの一般には知られていなかったペリオのカタログを世に出そうとしたアントニーノ・フォルテ（一九四〇―二〇〇六。なお、彼は明末に再発見された『大秦景教流行中国碑』についてのペリオの研究を公刊してもいる）、補訂公刊した京大人文研の高田時雄（一九四九―）である。高田による公刊が重要な意味を持つことはその漢訳が出ていることにも表れているが、余計なことを言うと、ペリオ、高田あるいは王重民の斯界における貢献は、彼らの敦煌学における貢献ほどには知られていない。張西平は、「本出版を二十世紀初の敦煌学の興起に比しうる意義を持つもの」と胸を張るが、筆者にはそうは思えない。

さて、張は言及していないが、筆者が注目する近年の変化は二点ある。

一つは、台湾における研究の新傾向で、これを牽引するのは、前掲『古新聖経残稿』の編者でもある中央研究院の李奭学（一九五六―）である。すでに二冊の専著があるが、とくにここで取り上げたいのは、彼の主編になる『晩明天主教翻訳文学箋注』である。このアンソロジーに収録された作品は左記のとおりである。

巻一　リッチ『交友論』、『二十五言』、『西琴曲意八章』（リッチが北京宮廷に西洋楽器を献じた際に行った訳詞）、ニコラ・ロンゴバルド『聖若撒法始末』（「バルラームとヨザファト」伝説）、ニコラ・トリゴー『況義』（イソップ物語）、アダム・シャール、王徴『崇一堂日記随筆』

（十四人の隠者の故事）

巻二　アルフォンソ・ヴァニョーニ『聖人行実』、『聖母行実』

巻三　ヴァニョーニ『励学古言』（ギリシア・ローマの哲人の言を編集）、『譬学』（エラスムスの『格言集』が底本）、ジャコモ・ロー『聖記百言』（一六世紀スペインの聖女アヴィラのテレサが編んだ格言集）、ジュリオ・アレーニ『天主降生言行紀略』（イエス伝）

巻四　ヴァニョーニ『達道紀言』（ギリシア・ローマの哲人の言を編集）、アレーニ『聖夢歌』（中世イングランドの聖職者の詩を翻訳）、李九功『励修一鑑』（福建の信者による修養書）、エマヌエル・ディアス『軽世金書』（『キリストに倣いて』）、マルティノ・マルティニ『逑友篇』（『交友論』の後継作）

実は、この前年に大陸でも『明清之際西学文本―50種重要文献彙編』と銘打ってやはり四冊本が出ていて、点数では三倍にもなる。両者でかぶっているのは『況義』『譬学』『達道紀言』『逑友篇』の四点である。

大陸の方には文献の「簡介」はあるが、台湾のものほど詳しくなく、単なる標点本であって注釈はつかない。また、第三・第四冊は「理系」の文献を集めているところが「文系」中心の台湾版とは異なるところである。台湾版が、アメリカで比較文学を修めた主編者の関心を色濃く反映して「文学」であるのに対して（『達道紀言』は、李と広東の中山大学哲学系の教授でイエズス会士のティエリ・メイナール（梅謙立、一九六三—）による英訳があり、他の作品も多くは李が論文で取り上げているものである）。

一方、大陸版は「西学」となっている。編者である中国人民大学の黄興濤（彼の主たるフィールドは清末民初である）の序文「明清之際西学的再認識」を読めば分かるように、その関心は近代化と西洋化の関係如何、つまり「西学東漸」にあって、オーソドックスではあるが、いくぶん古めかしくもある。

それに比べて、天主教文献を「文学」としてとらえるのは新しいといえば新しい（キリシタン文献においてはすでに行われてきたことだし、リッチについては平川がやっているが）。ただし、「西学」にせよ「文学」にせよ、布教の問題からズレている点は同じである。

もう一つの新傾向は、ドクトリナ系テクストの存在が前景化してきたことである。その流れを作ったのは、自身宣教師でもあるジャンニ・クリヴェラーである。彼は布教に使われた文献を、異教徒向けにも使われるカテキズム系と信者共同体あるいは信者予備軍向けのドクトリナ系に分け、これまで軽視されてきた後者の存在をクローズアップした。なお、キリシタン研究ではすでにマリア会の宣教師で東京帝大の外国人教師でもあったピエール・アンベルクロード（一八九九—一九八四）が同様の区別をしている。

リッチについて言えば、『天主実義』がカテキズム、『天主教要』がドクトリナということになる（実際、リッチは書簡において『実義』を catechismo、『教要』を dottrina christiana と呼んでいる）。両者の境界線はあいまいではあるが、そこにあえて線引きすることで、個々の文献のターゲットが誰なのかを問題化したことは重要である。この二分法はチュルヒャー（彼がドクトリナ系テクストを「内部発行」にたとえるのは適当とは思えないが）や、『天主実義』の仏訳者でもある前掲のメイナールといった有力な研究者の採用するところとなっている。クリヴェラーの著書は中国語に翻訳されているので、認知度はかなり高いのだろうが、それでも「西学東漸」のスキームの前には影が薄い。

とにかく、今日の研究の重点は宣教師にはなく、彼らのメッセージを受け止める側に移行しているのは間違いない。筆者の現在の関心は、中国にせよ、あるいは日本にせよ、宣教師が何をいかに伝えようとしたのかにあるので、一種の先祖返りと言えるかもしれない。しかし、中西交流史あるいは日欧交渉史といった、一対一の枠組によって中国なり日本なりの特殊性を浮びあがらせようとする前に、当時のイエズス会士による世界宣教という文脈の中で文献の性格を考える必要があるのではないだろうか。

なお、前に「二種の「神器」には改訂の余地あり」と書いたが、日中のイエズス会研究を比べると、フロイス『日本史』に相当する史料がないこともあって、中国の研究は日本の密なることに及ばない。一方、天主教漢籍については、過去二十年の間に前掲の高田『バチカン漢籍目録』、イエズス会士アルバート・チャンの『ローマ・イエズス会文書館漢籍目録』、スタンデルト『中国キリスト教ハンドブック』、さらに彼が拠るルーヴァン大学が運営するChinese Christian Texts Database（http://www.arts.kuleuven.be/sinologie/english/cct）などにより、研究の便は格段によくなってきているが、それでも個々のテクストの書誌情報にはかなりあやふやなところがある。

それよりも、天主教漢籍の出版状況全般を見渡した研究がほとんど見当たらない。一九四五年にベルナールがイエズス会士作成の諸目録に主に準拠して作った年表があって、これが研究のたたき台となるべきものである。この年表自体は参考書目によく上げられる有名なものだが、年表（本人が各所に注記しているように「存疑」だらけである）のみがとりあげられて、目録の方に余り目が行っていないように見える。

「西書七千部」の遥かな旅路

現在、パリやローマに所蔵されている漢籍は、在華会士がよく使うフレーズを用いるなら、「八万里」「九万里」の距離を運ばれたものである。ローマイエズス会文書館やバチカン図書館のものにはヨーロッパに派遣されたイエズス会の中国布教代表（プロクラドール）が持ち帰ったものが多く、その性格上、典礼問題検討の資料になる書物が目立つのに対し、パリには、パリ外国人宣教会が持ち帰ったものもあって、そのぶん多様性に富むといわれている。

一方、宣教師が漢籍を欧州に持ち帰り、あるいは船に託して送るのとは反対方向に「西書七千部」がもたらされたとする記述が明末の漢籍にはしばしば見られる。これにはやくに注目したのが方豪の「明季西書七千部流入中国考」（初稿はカトリックの雑誌『新北辰』に一九三七年に発表、四度の修訂を経て一九六八年に決定稿）である。


リッチの死後、中国イエズス会の上長となったロンゴバルドはヨーロッパに布教の現状を報告するとともに聖俗両界からの支援をとりつけるべく、トリゴーをヨーロッパに派遣した。彼のヨーロッパにおける活動については、トリゴーと同じベルギー人イエズス会士のエドモン・ラマールが一九四〇年に明らかにした。その一環が書物収集であり、ヨーロッパ並みの図書館を北京に作って洋書の漢訳を書架に備え、官人や文人の利用に供して福音宣布の手助けにしようというロンゴバルドの構想によるものだった。そして、教皇にリッチの布教記録のラテン語翻訳を献ずる際に書物を下賜してもらい、その支援を得た布教活動であることを印象付けるために図書館には教皇の肖像画を掲げることを考えていた。彼がこうした構想を抱いたのは、シナ人が「我々の書」を好み、翻訳をせがんでいるという状況を踏まえてのことだった。実際、漢人の記述（翻訳書の序文など）の中には、しばしば彼らの西書への希求が語られている。

トリゴーは、ロンゴバルドの期待によく応えた。リッチの記録は彼によりラテン語に翻訳され、教皇への献辞を冠した『シナキリスト教遠征記』として一六一五年にアウクスブルクで刊行された（英語圏でいまなおよく使われるイエズス会士ルイス・ギャラガーの翻訳の底本はこのラテン語版である。中国で使われてきた『利瑪竇中国札記』は英訳からの重訳）。そして、教皇パウルス五世から五百巻の書物の寄贈を獲得するだけでなく、さらに購書の資金も引き出した。

ラマールは、それら書物の行方については触れるところがない。イエズス会関連の文献にはその行方への言及がないのである。一方、漢人も「七千部」というだけでその中身には触れない。これに答えを出したのが北堂図書館（北堂は十八世紀初にフランス人イエズス会が拠った教会で、北京四堂の一。四堂やその他の蔵書が十九世紀後半に合流し、その後ラザリスト会の手に帰した）の館長フーベルト・フェルハーレン神父の『北堂図書館蔵書目録』である。書物に捺されている教皇のボルゲーゼ家とイエズス会の紋章や書物の形状などから教皇の寄贈書五百三十四点、トリゴーとともに中国に向かった神父の兄弟から寄贈を受けた二十三点、彼が欧州漫遊中に各地で入手した二百点（彼の中国姓「金」や同行者ヨハン・テレンツのサイン、同じく随伴者のジャコモ・ローの父が寄贈したことを示す記述がある）、合計七百五十七点を将来書に数え、「七千部」とはあまりにも開きが大きいので、誇大広告ではないかと疑った。

方豪はラマールの成果を取り入れて論文を増補し、『北堂書目』からあらためてトリゴー将来が確実な四百二十八種、可能性があるもの百五十一種、計五百七十九種として、フェルハーレンよりも低めに見積もる一方で、「七千部」とする漢籍の記述を、渡台後訪問したバチカン図書館で目睹した黄鳴喬の『天学伝概』などにも確認し、記述自体は信用できるとした。将来本がすべて北堂に流れ込んだわけではないので、その可能性はある（なお、二〇〇六年の中国嘉徳拍売公司によるオークションに二千点以上の西書が出品され、その中には北堂本があったようだが、その後どうなったかは知らない）。

しかし、七千部が実際には七百部であったとしても大した量である。日本でも宣教師が一時に洋書を百巻余持ち込んだ事例（一五五六年の第三次宣教団）が知られるが、規模の違いは明らかである。

図版５　ルーベンス作トリゴー画像（メトロポリタン美術館所蔵）

将来書の中では特に科学書が注目され、それらを訳したものの中でもテレンツ（鄧玉函）口訳・王徴筆述の『遠西奇器図説』などがとかく取り上げられがちだが、ロンゴバルドの図書館構想を見てもわかるように求められていた書物は理科系の書物だけではない。

実際にトリゴー将来本がどの程度翻訳され

図版6　教皇パウルス五世の紋章
（『方豪六十自定稿』から転載）

たかを明示する史料はない。福建の有力信者李九功が著した『励修一鑑』の一六三九年の序文には、「西儒踵を接して来賓し、其の遠く緗帙七千余部を携え、訳する者百有余種。而して教中の理を闡《あき》らかにし事を説く諸書は既に大凡《おおよそ》を具う」とある。同書に載る「採用書目」に理系の本はなく、哲学関係の書も少ないところからすれば、「教中の」云々はやはり信仰に直接かかわる本を指しているとみて間違いないだろう。

「西書七千部」の将来は、日本のキリシタン版印刷に匹敵する出来事である。キリシタン弾圧で挫折した日本での事業と同じく、「未完のプロジェクト」であったにせよ、イエズス会が書物による布教活動を相当な規模のもとに、日中で展開しようとしていたことは確かである。

なお、現在は中国国家図書館に帰している北堂書の中にはキリシタン版もある。一九三四年にベルナールがポルトガルのイエズス会士マヌエル・デ・サのラテン語著作の翻刻『アフォリズム（金言集）』を、翌年ラウレスが日本司教ルイス・セルケイラの『サカラメンタ提要』とバルトロメウ・デ・マルチリブスのラテン語著作『精神生活綱要』を発見した。『精神生活綱要』はのちに天理図書館が、『サカラメンタ提要』は上智大学キリシタン文庫もそれぞれ入手する

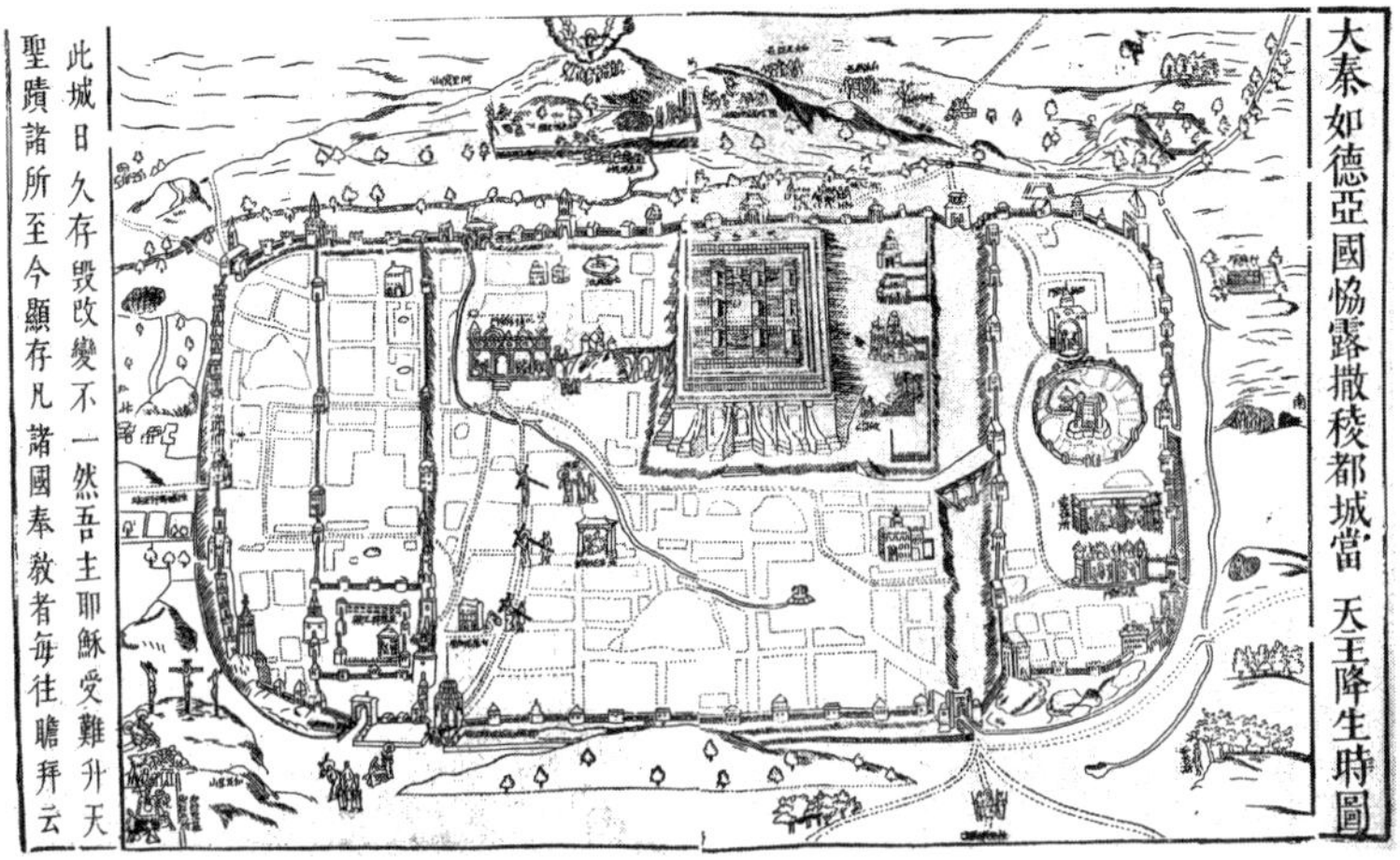

図版7　アレーニ『天主降生出像経解』附のエルサレム図：原図が載る Chrisitiano Adrichomio 著 *Theatrum Terrae Sanctae* は北堂に存在し、トリゴー将来本である（『梵蒂岡図書館蔵明清中西文化交流史文献叢刊』第一輯）より転載

が、『アフォリズム』は「幻」同然であり、『サカラメンタ提要』の付録も北堂の三本のうちの一本にしかない。北堂時代には蔵書の閲覧は教会関係者に許されていただけだったが、国家図書館に接収された後も現物の状況を知っているのはほぼ図書館関係者に限られている。しかし、二〇〇九年に雄松堂の新田満夫に実見の機会が与えられ、同社の「キリシタン版精選」で影印版を見ることができるようになった。

北堂本の全容が明らかになるには随分時間がかかりそうである。現在刊行中の『国家珍貴古籍名籍図録』の第三シリーズの末尾に『アフォリズム』、第四シリーズの末尾にコペルニクスの『天体運行論』（トリゴー将来本）そして『サカラメンタ提要』、第五シリーズにはリッチが所有していた師クラヴィウスの『アストロラーベ』などの書影が掲げられているが、それだけである。国家図書館の西文善本書目には、フェルハーレンのカタログがあるという理由で北堂本は収録されず（そのかわりに同カタログを影印出版している）、一九四〇年時点でほぼ研究が止まっているといっても大げさでない。国家図書館の趙大瑩が発表した「西文善本書志体例及様稿」のような詳細な書誌が今後さらに拡張されてゆくことを望む。

出版と流通

ここで、天主教文献が明末においていかに作成・出版されたかについて見てみたい。中国の場合は版刻であって、キリシタン版のように活字を用いた例はない。活版自体は中国でも行われ、リッチもそれは知っていたが、数は少ない。したがって、宣教師たちが整版印刷を行ったことは至極当然に見えるが、中南米も含めた世界の布教文献の出版状況を視野に収めている鈴木広光は、近著『日本語活字印刷史』の中で版刻が選び取られた意味の再考を促している。「版木は保存可能で訂正が容易である」というリッチの記述は誰しも納得するだろう。しかし、鈴木はさらに一歩踏み込んで、中国における出版は普遍化や画一化を促すレドゥシール（活字・ラテン文字への均一化）の論理と対峙しうる「適応」の成果であったかもしれないと述べる。つまり、中国の文化環境への適応（「古代儒教」への近接や、「西士」としての宣教師の振る舞い）は出版にも表れているとするのである。けだし首肯すべきであろう。一方、日本でも、中国に比べればきわめて少量であるにせよ木版が行われていたのに、ヴァリニャーノがこれを選びとらなかったのはなぜだろうか。まだ印刷機が日本に到着する以前の一五八五年にマカオでローマ字のアルファベットに漢字を添えたもの（「漢和アベセダリヨ」）が木版で出されている。ヴァリニャーノは、これを総長宛ての書簡において「日本でラテン語の書物を印刷するための試行作品」としている。

ヴァリニャーノは当時天正使節一行と別れてインドにいて、印刷機がヨーロッパからもたらされるのを待っていた。ラウレスはローマ字だけでなく、漢字も添えられているのは、日本で漢字を使った木版印刷を構想していたからだとする。前年にはやはりヴァリニャーノの指示により、中国向けに作られたルッジェーリの『天主実録』や「天主経（パーテル・ノステル）」「聖母経（アヴェマリア）」「十誡」などが木版で出版されている。この後、リスボンで『日本のカテキズモ』が、ゴアで『原マルチノの演説』（いずれもラテン語）がいわばパイロット版として印刷され、無事マカオに印刷機は到着するのだが、その少し前にやはりヴァリニャーノの肝いりで行われたタミル語の活字出版（後述）が後が続かなかったように、ローマ字以外での活版には我々が想像する以上の困難があったはずで、それをキリシタン版が突破したことの意味は大きい。

さて、印刷部数はどのくらいだったのだろうか。それを知る材料は余りないが、デリアによれば、『天主実録』の初版が一二〇〇部で、一五九六年に版木が廃棄される前に三千部以上が出回っていたという。また、日本のキリシタン版では、『コンテンツスムンヂ』（キリストにならいて）について、一日で一三〇〇丁の紙が刷られ、計一三〇〇部刷られていることや、『さるばとるむんぢ』（告解の手引き）が一五〇〇部以上刷られたなどが知られている程度である。比較するには材料に乏しいが、これを見る限り一度の刷数にあまり差はない。ただ、部数よりははるかに多い信者がいた日本に対して、『天主実録』出版の時点では両手で数えるほどしか信者はいなかったのだから、本書の対象はもっぱら非信者ということになる。

また、再版の場合に活字は組みなおす必要があるが、版木は磨滅しない限りいくらでも刷ることができる。さらに、キリシタン版は印刷機一台に頼りきりで、印刷機の所在地（加津佐→天草→長崎）でしか本を作れなかったが、中国の場合は教線の拡大につれて北京、杭州、福州、絳州など奉教・容教士人の支持が得られる諸都市で出版できた。しかし、たとえたくさん刷れる状況にあったとしても、読まれなければしようがない。リッチの作品で多くの読者を獲得したのは、『交友論』、『二十五言』だったと考えられるが、リッチ自身が言うように内容的にみて、中国人の反発を買うようなものではなかった。

ただ、部数はともかくとして、その気になれば出版できるというのは大きい。リッチは北京の住院に版木を備え、紙さえもってくれれば印刷できるようにしていた。また、複数個所で印刷できるのも強みである。種々の版の存在が伝えられる『天主実義』のほかにも、『天主教要』の解説本であるヴァニョーニの『教要解略』（一六一五年序）は明末の間に少なくとも三刻されている。

しかし、むやみに本を出版できたわけではない。教会の検閲を受ける必要があったからである。それはキリシタン版も同じであった。ローマの教皇庁やポルトガル領インディアの中心であるゴアの宗教裁判所に原稿を送って検閲を受けるのでは時間がかかりすぎるし、そもそも漢文や和文の内容をチェックできる能力を有する者がいない。

日本イエズス会の制度と現実を追究してきた高瀬弘一郎が、この問題を日本準管区について論じている。ヴァリニャーノは二度目の訪日を控えて印刷機とともにマカオにあった一五八九年に総長に対して、日本での書籍出版の許可を教皇から得てほしいと要請した（マカオで印刷機を使って印刷した『遣欧使節記』についてはマカオ司教の許可をとりあえず得ていた）。教皇の許可がローマから送られたのは一六〇八年のことで、その際には中国の会士に対しても同様の許可が与えられた。管区の内規集成（一六一九）には、三人の会士に審査をさせた上で出版が許可されると記されている。

中国でも同様の手続きが取られた事は実物に徴しうる。一六二〇年代以降の書物については、「教規に遵い、凡そ経典を訳す・書を著すには必ず三次看詳して方《はじ》めて梓に付するを允《ゆる》し、幷びに閲訂姓氏を後に鐫《ほ》る」という定型表現がしばしばみられる。そして、著者の他に「仝《とも》に訂した」三人の会士と「梓を准《ゆる》した司会（値会）」（一六二三年に成立した中国準管区の長を指す）の名が併記されるのである。ディアスの『聖経直解』（主日・祝日のミサの際に行う説教のテクスト。一六三六年序）を例にとってみよう。本書は全十四巻からなるが、

巻一・二「訂」郭居静（ラザッロ・カッタネオ）、傅汎際（フランシスコ・フルタド）、孟儒望（ジョアン・モンテイロ、一六三七年入華）
　「准」「値会」の傅汎際（一六四一年まで準管区長）
巻三・四「訂」費奇規（ガスパール・フェレイラ）、郭居静、孟儒望。「准」傅汎際
巻五・六「訂」孟儒望、費奇規、賈宜睦（ジロラモ・デ・グラヴィナ、一六三七年入華）
　「准」値会艾儒略（ジュリオ・アレーニ、フルタドの後任）
巻七・八「訂」郭居静、傅汎際、伏若望（ジョアン・フロイス、一六三八年死去）、「准」傅汎際
巻九・十「訂」費奇規、郭居静、孟儒望、「准」傅汎際
巻十一・十二は巻五・六に同じ
巻十三・十四「訂」羅雅谷（ジャコモ・ロー、一六三八年死去）、龍華民（ロンゴバルド）、湯若望（アダム・シャール）、「准」傅汎際

というように、巻ごとに検閲者が異なり（分担している宣教師は北京にいる者もいれば福建にいる者も

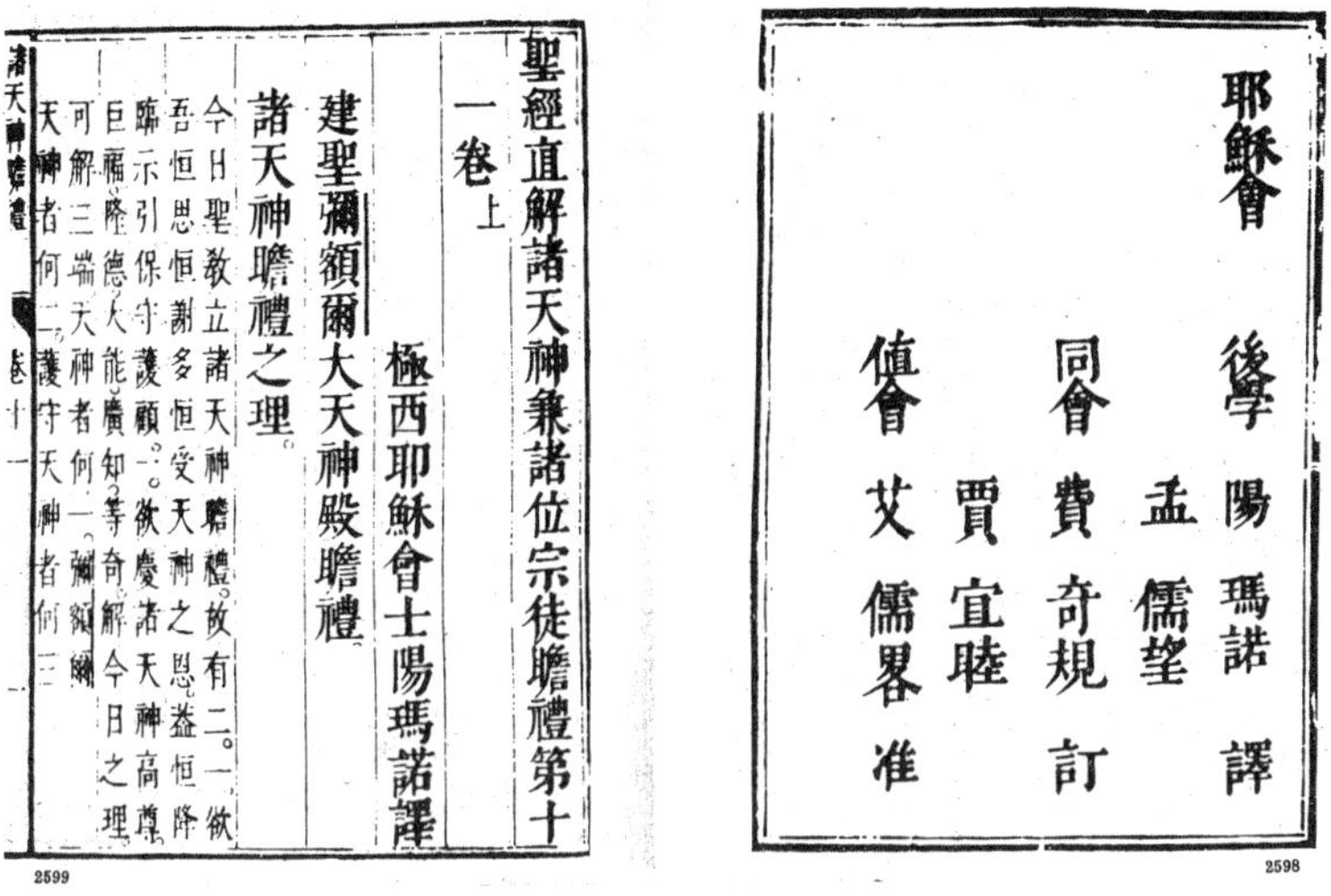
耶穌會後學陽瑪諾譯
孟儒望
同會費奇規訂
賈宜睦
值會艾儒畧准

聖經直解諸天神兼諸位宗徒瞻禮第十
一卷上
極西耶穌會士陽瑪諾譯
建聖彌額爾大天神殿瞻禮。
諸天神瞻禮之理。
今日聖教立諸天神瞻禮。故有二。一欲
吾恒思恒謝多恒受天神之恩。蓋恒降
臨示引保守護顧。一。欲慶諸天神高尊
巨福。隆德。大能。廣知。等奇。解今日之理。
可解三端。天神者何。一。彌額爾
天神者何。二。護守天神者何。三
諸天神瞻禮　卷十一　一
2599　2598

図版8　『聖経直解』（『天主教東伝文献三篇』）

いて、署名を信じるならば遠距離を原稿が行き交ったことになる）、認可を与えている準管区長も二人いて、序文が書かれた年からかなり時間が経って出版されたことも分かる。

しかし、宣教師たちだけで一つの著作を完成させることは難しく、文章の潤色・校正に中国人士があたっていたことは、書物に彼らの名が校正者として登場するところからも明らかである。たとえば、ヴァニョーニの『聖母行実』の場合、「遠西耶穌会士高一志撰述」の隣には河東（山西の絳州）の段袞・韓霖、星源（徽州）の程廷瑞が「修潤」者として名を連ねている（うち、段・韓は有力な信者であるが、程については分からない）。

日本の場合は、書物にかかわった人々のクレジットが記されることは少ない。欧語のものは別として、和文（国字・ローマ字）のものについて言えば、グラナダの『使徒信条入門』の第五部の抄訳である『ヒデスの導師』の翻訳に会士ペドロ・ラモンがあたったことが序文に述べられ、『平家物語』には翻訳者イルマンのファビアン（不干斎）による序文があり、『サントスの御作業』の翻訳を養方軒パウロ・ヴィセンテの父子が行ったことが示され、複数のテクストから成る『スピリツアル修行』は、第一部はイエズス会士だが在日宣教師ではないガスパル・デ・ロアルテのテクスト、第三部はペドロ・ゴメスの作であることを序文に述べるが、第二部は複数の在日神父が共訳したとするだけで名前を挙げない。こうしてみると、表面的には会士の影が薄いことが分かる。秀吉のバテレン追放令（一五八七）以後のことであるといっても、ラモン、ゴメスの名がみえるのだから、「会士隠し」をしていたわけではない。

一方、漢籍はもともとクレジットを重視するので、テクストに関わった人の名前が載るのは当然のようにも見えるが、前掲の『天主教要』には「利瑪竇」の名は見られない。リッチがこれを北京の住院で印刷して各地の住院に配ったと述べていることから、彼の作だと分かるのである。

キリシタン版がおおよそ出版年次を確定でき、年報等の史料によりその成立事情も多少は分かるのに対し、天主教漢籍については序文がないために出版の事情がよくわからないものも多く、出版年次が確定できるものはむしろ少ない。工具書や論著にそれらしく記されていても実はあてにならない。

漢字と布教

宣教師たちは、書物の出版を布教の重要な戦略としてとらえていたが、それが漢籍であることは当然のようでそうではない。そのことは、布教が同時進行していた他地域を見ればわかる。ヨーロッパ以外では、現地の文字で印刷された書物を使った布教は決して当たり前ではない。その点では、国字本が存在する日本もまた少数派に属する。

日本に活版印刷を導入したヴァリニャーノは、すでにインドにおいてタミル語の活版印刷を構想し、それにしたがってエンリケ・エンリケスが一五七八、七九年に二種のドチリナ・キリシタンをタミルの活字で印刷しているし、フィリピンでドミニコ会がタガロク語（バイバイン文字）とスペイン語の対訳の形を取るドチリナを出版している例（木版）があるが、結局それらは続かなかった。西洋人が無文字社会とみなしたペルー（コミュニケーション・ツールとしてのキープの存在は一部の宣教師を除いて注意を引かなかった）をはじめとする中・南米における布教出版物にはスペイン語ないし現地語のローマ字との対訳が通常用いられた。

むろん、当時の布教自体に現地の文字が使われなかったということではない。ベトナムでは、はやくからチュノムによる布教文献の作成が行われ、版刻されたという記録も残っているし、イエズス会士ジロラモ・マイオリカ（一五九一―一六五六）が大量のチュノム語稿本を作成している。ムガル朝廷で活躍したジェロニモ・ザビエル（一五四九―一六一七）はペルシア語（アラビア文字）の著作を多く残している。しかし、マイオリカの稿本が版刻された形跡はないし、ザビエルの著作『神聖の鏡（イエス伝）』は、オランダのプロテスタントがカトリック論難のために出版しているが、これはヨーロッパだからであって（アラビア活字も存在していた）、この頃のイスラーム世界ではそもそも出版が行われていない。時代が下ると、ハングルやチュノムによる出版も行われるようになるが、それらはイエズス会士の手によって行われたものではない。

ペルーで布教したイエズス会士で、『新大陸自然文化史』の作で著名なホセ・デ・アコスタは西洋以外の文明を三等に分け、最上位に中国・日本を置いたが、その基準の一つは文字を有することにあった。アコスタがこの本を執筆していた一五八〇年代は日本布教の最盛期だが、中国ではようやくルッジェーリやリッチが内地に入ったところだった。しかし、フィリピンから中国に入って彼らに接触した同会のアロンソ・サンチェスがスペインに戻る際にメキシコでアコスタに会い、中国での経験を彼に伝えたのであった。アコスタは「チナの文字」に強烈な印象を受けたのだろうが、漢字の衝撃に見舞われたのは独り彼に止まらない。漢字を「ヒエログリフ」とも表現した当時の西洋人にとって、漢字は特別のアウラをまとったものだったのである。

しかし、サンチェスはそうしたアウラを一切認めていない。彼は習得するための膨大なエネルギーの浪費を強いる漢字を全く評価しておらず、ルッジェーリやリッチの漢字習得も無駄なことだと考えていた。我々はついついリッチ以来既定路線となった在華宣教師の漢字習得を当然のごとくにみなしがちだが、それはなまなかなことではない。ましてや、会話や読書に加えて文章を作成し、さらにそれを書物の形で公表することの難行に思いを致すべきなのである。ちなみに、張西平は、これら宣教師の作文能力は現代の国外の漢学（中国学）者よりも上であると評しているが、漢作文を教師について学んでいたリッチのような宣教師たちに、ネイティブの刪潤を経ないと論文の格好がつかない現代の研究者に比べて一日以上の長があったことは確かだろうが、今我々の目の前にある彼らの著作がすべて独力で完成されたものだとは思わない方がいい。リッチは、布教の仕事自体よりも社交に明け暮れる日々を送っていることを再三書簡中で述べているが、それでも後輩たちに比べて、読み書きのトレーニングに多くの時間を割いていた。その彼にして、じっくり時間をかけて作り上げた『天主実義』について、本書に序文を寄せている友人馮応京の丁寧なチェックを受けているのである。

世界布教の中で

ここで、当時の世界における布教文献の出版状況について少し考えてみたい。とはいっても、筆者はイエズス会の各宣教地における出版事情に詳しいわけではない。とりあえず、個別の作品に即して考えてみよう。

キリシタン版の中で、四種（国字本二種、ローマ字本二種）の存在が判明している『どちりなきりしたん』の存在は際立っている。それらの底本はともにポルトガルのイエズス会士マルコス・ジョルジェの教理問答（一五六六年刊）である。ジョルジェが主な読者として想定していたのは、洗礼を受けてもキリスト教への理解が十分でない子供・女性であり、師が教義について質問をし、弟子がこれに答える形をとっていた（弟子の回答の部分は実際の教理問答の際に暗唱されるべきものであった）。

同書は海外布教にも重宝され、一五七四年刊のブラジル・トゥピ語版、前掲のエンリケスのタミル語版のうちの一五七九年刊本、そしてやはりインドのコンカニ語版が二種、一六二四年のコンゴ語版があり、中国の『天主聖教啓蒙』もその一つである。天主教漢籍はほとんど文語体なのだが、本書が希少な俗語体で書かれているのは、ジョルジェ本の趣旨に合致している。

要するに、ジョルジェ本はポルトガルの布教保護権下にある地域で広く使われたということである。このような汎用的なテクストは他にはみあたらないが、たとえば、「聖人伝」のジャンルに属する作品はやはり好んで各地でつくられた。神を認識することはヨーロッパのキリスト教徒にすら難しい。神の全能を奇跡という形で示し、神と人を媒介し、信徒生活の模範を指し示す聖人伝が好まれたゆえんであり、日本の『サントスの御作業』（一五九一刊）、中国の『聖人行実』（一六二九年序）もそうしたものの一つである。

「聖人伝」のジャンルでもっとも有名なのは日本語訳もあるヨーロッパ中世のウォラギネの『黄金伝説』で、かつて芥川龍之介が「奉教人の死」(一九一八)を実存しないキリシタン版の「れげんだあうれあ」に取材したと書いたために一騒ぎがおきたものである。戦闘で負傷した軍人ロヨラの枕頭の書として彼が宗教人への道に進むきっかけとなったのが、やはり中世に書かれたルドルフの『キリストの生涯』と本書であって、イエズス会とも縁が深い。ただし、各地の「聖人伝」が直接『黄金伝説』に取材しているとは思えない。

残念ながらこの種のテクストは現代の研究者の食指を動かすものではないためか、テクストの系統樹の研究はあるものの、その中身について探査されることは余りない(前掲の『晩明天主教翻訳文学箋注』に本書は収録され、『黄金伝説(聖伝金庫)』と比較されているが、「黄金伝説には見えない」という註が随所に付いている)。

中国には、他地域にない際立った特徴がある。まず、大量の科学書の存在である。日本のキリシタン版にこうした類いのものはない。『ひですの経』は、使徒信条(クレド)の第一条「全能なる神の天地創造を信じる」(明末のクレドでは「我信於全能者天主罷徳肋(padre＝父)造成天地」という文句に固定されている)を説明するのに、森羅万象の成り立ちを事細かに述べて科学的内容も含まれている。ゴメスがコレジオのテクストとして作ったラテン語テクスト『天球論』からは、のちにこれをもとにした日本語の著作が出ていることからして、キリシタン版の印刷が続いていたら、あるいは日本語で刊行されたかもしれない。しかし、「理系」の本はついに出版されることはなかった。他の地域についてもそれは同様である。

その一方で、他の地域で出版の重要部分を占める語学書（文法、辞書）が中国にはほぼ欠落している。ルッジェーリとリッチらが作った『葡漢辞典』は未完稿が残っているが、出版には至らなかったし、漢字の音韻書である『西儒耳目資』はタイトルが示すように、宣教師用に作られたものでしかない。他の地域では、宣教師が現地語を学ぶとともに、現地民にもポルトガル語ないしスペイン語を、あるいはコレジオ（学院）ではラテン語を教えるという双方向性があったが、中国は違った。現地民に欧語を押し付ける状況になかったし、キリスト教の子弟を養成するコレジオはマカオにこそ設けられていたものの、内地には制度的には存在しなかった（リッチは、北京で「コレジオの形で」学生を教えていると言っているが）。イエズス会員となった者以外は、完全な一方通行だったのである。

思いつくままに述べてきたが、他にも比較の材料はあるかもしれない。しかし、近年イエズス会の「グローバル性」が強調されている割にはこうした比較は行われているようにない。美術史においては、ゴーヴァン・ベイリーがアジア、アメリカの布教地に宣教師が持ち込んだ美術の「適応」の問題を取り上げて一つの潮流を作っているが、文献についてはそうしたスケールでの試みは今のところ存在しない。粉本からの変容をとらえやすい美術作品とは異なり、底本すら実はさだかでない場合が多く、おまけに言語変換される文献の比較は複雑な操作が要請されるので、実際に行うのが難しいのはたしかである。

しかし、二〇〇一年の岩波『文学』誌（第二巻第五号）の特集「十字架とアジア」はそうした可能性を感じさせるものであり、読後期待に胸躍ったことを今でも思い出す。そこに収められていたのは高田時雄「カトリック・ミッションの言語戦略と中国」、米井力也「異界の変奏大航海時代における異言語接触」、彌永信美「〈近代〉世界成立史の中のイエズス会」、鈴木広光「印刷史における大航海時代」、日野龍夫「キリシタンと近世文学」、小峯和明「キリシタン文学と仏伝」の諸篇である。注目すべきは仏教学を専門とする彌永以外が文学・語学の研究者であるということである。「媒体からして当然だろうが」というツッコミが入りそうだが、そうではないと思う。とくに、語学研究者の中には時に直接の対象言語を越えたパースペクティブを持つ人が出てくる（ここで言えば、高田と鈴木である）。一方、ここに歴史研究者やキリスト教研究者がいないことは『文学』だからではないと思うのである。

中・日の比較

さらに、中国と日本にしぼって、いくつか話題を提供しよう。

『天主実義』がヴァリニャーノの『日本のカテキズモ』の枠組みを使っていることは、つとに海老沢有道が指摘し、近時では仏訳者のメイナールがより具体的に両書の構成に即して分析している。司令塔としてヴァリニャーノを共有していた時期の中日の布教には関連するところがあった。『天主実義』をヴァリニャーノが日本でも頒布しようとしていたことも知られている。

しかし、ヴァリニャーノ以後中日の布教の連関は薄まってゆく。リッチの布教方法に批判的な声が日本の会士たちから上がった。なかんずく、キリシタン版二点（『日本大文典』『日本小文典』）の著者であるジョアン・ロドリゲスが痛烈に批判していたことは、上智大学で教鞭を取っていたこともあるイエズス会士マイケル・クーパー（一九三〇—）によって明らかにされているが、日本で活動した宣教師で、中国内地に入った経験を持つのは、このロドリゲスと、短期間だけルッジェーリと共に働き、その後日本に赴いたフランシスコ・パシオだけである。中国で教線が拡大されたのはリッチの晩年以後であり、リッチが亡くなった二年後に慶長の禁教令（一六一二）が出ているから、中国での布教が日本に影響を与える状況にはなかった。一方、ロドリゲスのように日本を追放されてマカオに赴いた宣教師は彼を除けば東南アジアに向かうことはあっても、中国に入ることはなかった。

しかし、人事交流に乏しく、直接の証拠は残っていなくとも、後発の中国布教が日本での経験の影響を受けていた可能性は想定しうる。現存するリッチの書簡には残念ながら在日会士に宛てた書簡は少ないが、パシオやオルガンティーノから情報を得ていたことはわかっており、彼は日本のことをかなり意識していたはずである。

また、彼の死後とくに一六二〇年代以後に陸続と出版された漢籍の中には、すでに触れた『天主聖教啓蒙』や『聖人行実』あるいは『軽世金書』（日本の『こんてんつすむんぢ』に相当）といったキリシタン版との比較可能なものが存在する。

実は、はやくに中日の文献の比較をやろうとした人はいる。『天草版伊曾保物語』との出会い以来、イソップにこだわり続けた新村出である。彼はパリ国立図書館（現フランス国立図書館）所蔵の金尼閣（ニコラ・トリゴー）の『況義』写本（刊本は現存しない）との比較を試みようとしたが、『伊曾保』に比べて『況義』の話数が余りにも少なく、結局トリゴーの事績紹介におわっている。ただし、日本でトリゴーの事績が本格的に紹介されたのはおそらくこれが最初で、まだラマールの論文が出る前のことである。

この原稿のもとになった講演で、私は「中日の文献を具体的に比較分析した研究がない」と述べたが、翻訳語の見地から語学研究者が比較を試みてはいる。たとえば、小島幸枝はキリシタン版を、フィリピンドミニコ会による現地漢人（サングレイ）向けのドクトリナ、そして中国のドクトリナ（ただし、『天主聖教啓蒙』ではなく、ロンゴバルドの『念経総牘』）と比較しているし、鈴木広光らは直接日中の比較をしたわけではないが、バレト写本所収の新約聖書抄のテクストを当時ヨーロッパで通行していた聖書諸版と比較する際に、参照系として『聖経直解』を用いている（残念ながら未完）。しかし、テクストを総体的に比較した試みについては知らなかった。また、日本人がやるならともかく、中国人研究者がキリシタン版に手を出すことなどありそうにもないと思っていた。

ところが、講演後に私のところに来られた若い中国人研究者が「自分は『どちりなきりしたん』と『天主聖教啓蒙』の比較に取り組んでいる」と告げられた。他にもこうした方がいるかもしれないし、この場を借りて前言を撤回するとともに、若い世代の比較研究の成果を鶴首して待ちたい。

ここでは、『天主聖教啓蒙』（以下『啓蒙』）と『どちりなきりしたん』（以下『どちりな』）、『聖人行実』（以下『行実』）と『サントスのご作業』（以下『作業』）の表層的な違いのみに触れておくことにする。

『どちりな』については、今から三十年以上も前に、国語学者の亀井孝と小島幸枝、前掲のキリシタン史研究者チースリクの協業により、画期的な成果が世に問われている（『日本イエズス会版キリシタン要理』）。『どちりな』の翻刻に加えて、底本であるジョルジェ（ただし、この段階では一五六六年版が見つかっておらず、一六〇二年の改訂版が使われている。現在では一五六六年版の存在が知られるようになっている）の影印と日本語訳、そして研究篇という構成である。研究篇では語学的な検討だけでなく、日本のキリスト教信者向けに原テクストがいかに翻案されたかを、チースリクがこれまでの研究を基礎にして述べている。筆者の知る限り、ジョルジェを底本にした他地域のドチリナについて、これほどテクストの具体的な比較に踏み込んだ研究は後述する丸山徹を除けば、おそらく他にはない。

さて、研究篇の中に次のような一節がある。

> しかしながら、ヨーロッパでは、逆に生徒に質問させ教師に返答させる形式をとり入れたのは、一五九八年にベラルミノの編集した公教要理だけである。したがって、日本のドチリナがベラルミノの公教要理に影響されたという仮説さえ立てられたが、時代的に見ただけでも、そのような影響は考えられない。日本のばあい翻訳や編纂に協力した日本人修道士の努力こそ認められるべきであろう。中国をはじめ東洋諸国において問答式の教書は数多くあるが、これらのばあいまた、いずれも、師が弟子の質問に答える形式になっている。こうして、ドチリナの形式は、やはり〝東洋化〟の結果とみなすべきである（三三一―三四頁）。

「ベラルミノ」云々というのは、サトウが『どちりな』の底本をベラルミノとしたことを指しているが、『どちりな』四本（内容はほぼ同じ）のうち、前二本はベラルミノ以前に出ているのでそれはありえない。

問題は師弟の問答形式についてである。前述したように、ジョルジェ本は師が問い、弟子が

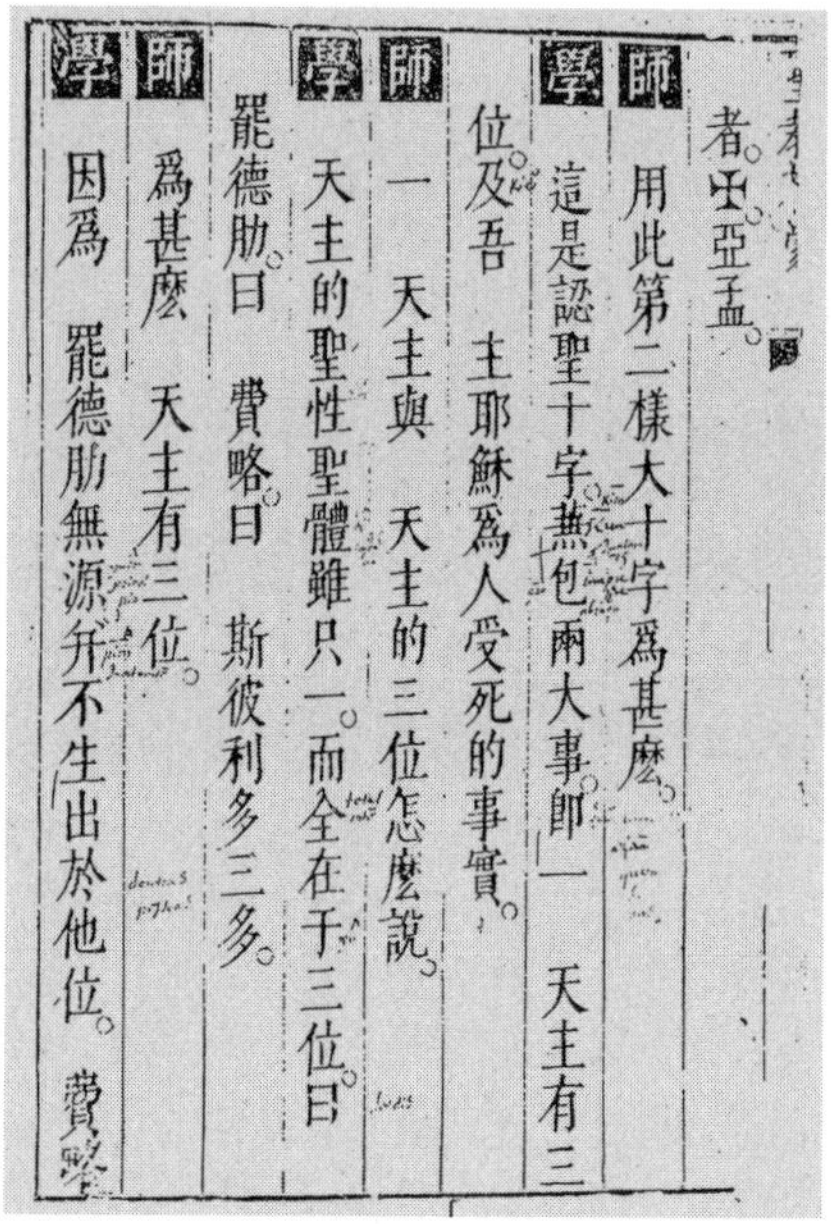
者。亞孟。

師　用此第二様大十字爲甚麼。

學　這是認聖十字兼包兩大事。一　天主有三位。及吾　主耶穌爲人受死的事實。

師　一　天主與　天主的三位怎麼說。

學　天主的聖性聖體雖只一。而全在于三位。曰罷德肋。曰　費略。曰　斯彼利多三多。

師　爲甚麼　天主有三位。

學　因爲　罷德肋無源并不生出於他位。　費略

図版9　『天主聖教啓蒙』（『耶穌会羅馬檔案館明清天主教文献』）

答える形式であった。これは要理教育上ふつうの形である。それをあえて逆転させたところに、『どちりな』の大きな特徴がある。

しかし、『啓蒙』はジョルジェのままなのである。「中国をはじめ」云々を見れば、チースリクが『啓蒙』の存在に気づいていなかったことは明らかである（もっとも、現在知られている『啓蒙』は、ローマイエズス会文書館、フランス国立図書館、バチカン図書館の蔵本しかなく、これまで注目もされてこなかったから、イエズス会士の彼にして気づかなかったとしても無理もない）。ちなみに、この記述については、ジョルジェのコンカニ語訳を研究した丸山徹がすでに言及しており、コンカニ語版はジョルジェと同じ形であることを指摘している。つまり、「東洋化」かどうかは別にして、日本での改編はチースリクの言うように「日本人修道士」ないしイエズス会士の努力の表れとしてより積極的に考えるべきなのである。

『行実』と『作業』についても一言しておこう。前の例と異なり、同じ底本から出たものではない。『作業』については、第二章の後半（「マルチリヨの理」以下）はグラナダが出典である

ことを明記している。しかし、その前の部分は各編で出典を明記しているものの、そこから直接取られたものでないことは明らかで、チースリクは数か所に出典として名前のあがる「アントニノ」(ドミニコ会士アントニーノ・ピエロッツィ、一三八九—一四五九)の『世界創成以来の年代記』、直接言及されないが、当時よく行われていたルイージ・リッポマニ(一五〇〇—五九、ベルガモ司教)の『聖人伝大系』、そしてグラナダの三つを出典としてさしつかえない、としている。しかし、具体的な検討を経ているわけではない。

一方、『行実』についてはすでに述べたように『黄金伝説』との比較が台湾で試みられているが、とうてい底本とは思えない。また、取り上げられる聖人の顔ぶれは『作業』あるいはバレト写本中にもある「御作業」(活字本とはメンバー構成にかなりの出入りがある)とはかなり違うが、共通するものについても、中身が随分違う。意味があるかどうかは別として、『作業』『行実』の各編の底本探しは未開の領域ということである。

それは措くとして、『行実』の形式的特徴は、「紀伝体」史書の「紀」を抜いたものであるということである。『作業』も『行実』同様に十二使徒から始まるが、その後の順番には方針があったようには見えない。一方、『行実』は「宗徒」に「司教」「致命(殉教)」「顕修」「隠修」「童身」「節婦」と各巻が中国史書の列伝風にカテゴライズされている。

一方、『作業』に「マルチル(殉教)」色が濃いことは各篇の表題を見るだけで明らかである、

『行実』は「宗徒」「童身」「節婦」の中にも殉教者はいるが、全体として殉教色はずいぶん薄まっている。また、「ビルゼン」が前面に出される『作業』（ただし、バレト写本には、娼婦上がりの聖人がとりあげられている）に対し、『行実』では「童身」の十二人とつりあわせるべく「節婦」も十二人が並べられる。中国史書で最大限に評価される女性が「節婦」であるが、この場合の対象が夫ではなく神であることは言うまでもない。ちなみに、「本紀」たるイエスの伝記を欠いているが、『黄金伝説』をはじめとする聖人伝テクストにはキリストがとりあげられるのがふつうである（だから、聖人伝という呼称は不正確なのだが）。しかし、『行実』も『作業』もイエスを欠いているのである。「本紀」はこの後アレーニの『天主降生言行紀略』として出版されるが、キリシタン版にはそうしたものはない。

むろん出版をとりまく状況が全く異なる中日双方のテクストをそうした文脈から切り離して、比較文学風に突き合わせるのは余りに単純すぎるが、比較することで色々と見えてくることもあるはずである。

日本における収蔵

最後に、天主教漢籍の日本における収蔵について述べよう。中国で出版されたものが、禁教令のさなかでも日本に渡ってきていたことは、李之藻が編集した『天学初函』（一六二六年序）

が寛永七年（一六三〇）の禁書令の対象になっていることからも分かるだろう。林羅山が『天主実義』を読んでいたことはよく知られている。

しかし、その後禁令は強化され、享保年間の緩和も教義書については無関係だった。その一方で、密かに天学諸書が読まれていた例として、村岡典嗣が取り上げた平田篤胤の例がある。篤胤が宣長とは別の神学体系を築き上げるうえでのフレームを天主教文献が提供していたのであった。

幕末の攘夷の気風の中で、「邪教」はますます負の意味を帯びることになった。水戸藩の徳川斉昭は明末に天主教批判の文章のアンソロジーとして出版された『聖朝破邪集』を翻刻する（斉昭の序文によれば、藩の書庫に置かれていたという）。これがかなり出回ったらしいことは、全国漢籍データベースで検索すると相当数がヒットすることでも分かるが（明刻は前田尊経閣文庫に所蔵されるが、中国でも明刊本の存在は知られていない）、現在この水戸刊本は翻刻等の形で海外でも知られ、当時のキリスト教批判のありようを示すものとして研究に大きな影響を与えている。面白いのは、水戸藩が寛永期に没収したキリシタン関係の資料をかなり有していたことであって、『どちりな』のローマ字刊本もその一つである（現在は徳川ミュージアムに収蔵）。

明末の天主教漢籍の日本収蔵本でインパクトを持ち得たのは皮肉にも『破邪集』のみであって、そもそも明刻の現存数が少なく、徐家匯土山湾の重刻本のような民国期のものが多数を占

図版10　利瑪竇『二十五言』欽一堂刊本（国立公文書館デジタルアーカイブ）

めるのは、やはり禁教令の影響が強かったからである。西洋人宣教師はなかなか入り込めなかったものの、燕行使を通じて明末の天主教漢籍が清朝になっても入ってきていた朝鮮と大きく違うところである。

日本で明刻を一番持っているのは内閣文庫（国立公文書館）であり、そのほとんどは林家の所蔵であるが、残念ながら書き込み等はなく、読まれたのかどうかも判然としない（少なくとも朱点は施されていない）。その少ない点数の中で目立つのが、「欽一堂」刻本である。「欽一堂」は名前からして宣教師の住院ないし信者による出版であることを想像させるが、実際にバチカン図書館には「福州欽一堂書版目録」が残っている。福州を主都とする福建こそは明末にもっとも信仰が栄えた土地であった。

参考文献

［和文］

姉崎正治『切支丹宗教文学』同文館、一九三二
海老沢有道「『天主実義』雑考―特に日本との関連について」『史苑』二六―二・三、一九六六
大庭脩『江戸時代における唐船持渡書の研究』関西大学東西学術研究所、一九六七
折井善果、白井純、豊島正之釈文・解説『ひですの経』八木書店、二〇一一
亀井孝、フーベルト・チースリク、小島幸枝『キリシタン要理―その翻案及び翻訳の実態』岩波書店、一九八三
亀井高孝『天草本平家物語』岩波書店、一九二七
川名公平訳・矢沢利彦訳注『中国キリスト教布教史』一・二、岩波書店、一九八二―八三
高祖敏明解説『金言集』雄松堂出版、二〇一〇
小島幸枝「漢訳ドチリナの音訳語について―邦訳ドチリナに於ける本語との関係から」『キリシタン研究』二八輯、吉川弘文館、一九八八
柴田篤訳注『天主実義』平凡社東洋文庫、二〇〇四
柴田篤「『畸人十篇』研究序説」『哲学年報（九州大学）』六五、二〇〇六
新村出「『伊曾保物語』の漢訳」一九二三（『新村出全集』第七巻、岩波書店）
同『薩道先生景仰録』一九二九（『全集』第五巻）

同『南蛮更紗』一九二九(『全集』第五巻)
同「『ひですの経』」一九三四(『全集』第七巻)
鈴木信昭「朝鮮に伝来した漢訳天主教書—一八〇一年辛酉教難の時期まで」『朝鮮学報』一五四、一九九五
鈴木広光『日本語活字印刷史』名古屋大学出版会、二〇一五
鈴木広光・梅崎光・青木博史「バレト写本所収福音書抄解」一~三『文学研究』(九州大学)九四~九六、一九九七~一九九九(未完)
スペンス、ジョナサン著、古田島洋介訳『マッテオ・リッチ記憶の宮殿』平凡社、一九九五(原著は一九八四刊。漢訳:史景遷著、陳恒・梅義征訳『利瑪竇的記憶之宮』上海遠東出版社、二〇〇五)
チースリク、フーベルト「サントスの御作業—神学的・歴史学的考察」『サントスの御作業』複製本、勉誠社、一九七六
天理図書館『きりしたん版の研究　富永先生古稀記念』天理大学出版部、一九七三
土井忠生『吉利支丹文献考』三省堂、一九六三
豊島正之編『キリシタンと出版』八木書店古書出版部、二〇一三
永冨青地「尊経閣文庫所蔵の明版『聖朝破邪集』」『汲古』七一、二〇一七
ニーダム、ジョゼフ『中国の科学と文明5 天の科学』思索社、一九七六
橋本進吉『文禄元年天草版吉利支丹教義の研究』東洋文庫、一九二八
浜田青陵『天正遣欧使節記』岩波書店、一九三一
平岡隆二『南蛮系宇宙論の原典的研究』花書院、二〇一三
平川祐弘『マッテオ・リッチ伝』一~三、平凡社東洋文庫、一九六九~九七
ピント・ドス・サントス、ジョゼ・ミゲル「マルコス・ジョルジェ著『ドクトリナ・クリスタン』の初

期の諸版に見られる挿絵について」浅見雅一編『近世印刷史とイエズス会系「絵入り本」』慶應義塾大学文学部、二〇一四

牧野元紀「パリ外国宣教会西トンキン代牧区における布教言語」『ことばと社会』九、二〇〇五

丸山徹「コンカニ語ドチリナ・キリシタン成立の背景」『南山大学日本文化学科論集』九、二〇〇九

武藤長蔵『聖トマス原著 Summa Theologica の漢訳「超性学要」に就いて』森山書店、一九三三

村岡典嗣「平田篤胤の神学における耶蘇教の影響」一九二〇『新編日本思想史研究』平凡社東洋文庫、二〇〇四

同『吉利支丹文学抄』改造社、一九二六

吉田新・水谷俊信「バイエルン州立図書館蔵、マルコス・ジョルジェ『Doctirna Christã』（一五六六年リスボン版）の発見」『キリシタン文化研究会年報』一三九、二〇一二

ラウレス、ヨハネス「北平北堂図書館発見の日本耶蘇会出版にかかはる七冊」『歴史地理』七〇—四、一九三七

［中文］

澳門芸術博物館『海嶠儒宗：利瑪竇逝世四百周年文物特集』澳門芸術博物館、二〇一〇

陳慧宏「利瑪竇研究的過往及思考：兼論幾本新著及利瑪竇史料」『台湾東亜文明研究学刊』一〇—一、二〇一三

陳智超主編『陳垣全集』安徽大学出版社、二〇〇九、第二冊宗教史論文「名理探跋」、第二十三冊書信「伯希和」

方豪『李之藻研究』台湾商務印書館、一九六六

同『中国天主教史人物伝』香港公教真理学会、一九六七

同『方豪六十自定稿』台湾学生書局、一九六九
高田時雄校訂補編、郭可訳『梵蒂岡図書館所蔵漢籍目録』中華書局、二〇〇六
顧犇主編『中国国家図書館外文善本書目』北京図書館出版社、二〇〇一
黄興濤・王国栄編『明清之際西学文本―50種重要文献彙編』四冊、中華書局、二〇一三
李国慶・孫利平「北堂書及其研究利用」『文献季刊』二〇〇三―一
李奭学・林熙強主編『晩明天主教翻訳文学箋注』四冊　中央研究院中国文哲研究所、二〇一四
李奭学・鄭海娟主編、賀清泰『古新聖経残稿』九冊、中華書局、二〇一四
李天綱「徐家匯蔵書楼与明清天主教史研究」『相遇与対話：明末清初中西文化交流国際学術研討会論文集』
　宗教文化出版社、二〇〇三
劉賢『学術与信仰―宗教史家陳垣研究』中国社会科学出版社、二〇一三
劉之和・周少川・王明沢・鄧瑞全『陳垣年譜配図長編』遼海出版社、二〇〇九
王玉川・劉俊余訳『利瑪竇中国伝教史』輔仁大学出版社・光啓出版社、一九八六
王重民『冷廬文藪』下、上海古籍出版社、一九九二
韋力・拓暁堂『古書之媒―感知拍売二十年摭談』広西師範大学出版社、二〇一四
文錚訳・梅欧金校『耶穌会与天主教進入中国史』商務印書館、二〇一四
徐宗沢『明清間耶穌会士訳著提要』中華書局、一九四九
張西平『伝教士漢学研究』大象出版社、二〇〇五
張西平・馬西尼（Federico Masini）・任大援・裴佐寧（Ambrogio M.Piazzoni）編『梵蒂岡図書館蔵明
　清中西文化交流史文献叢刊』（第一輯）四十四冊、大象出版社、二〇一四
張西平「論明清之際西学漢籍的文化意義」『天主教研究論叢』一二、二〇一六
張先清「刊書伝教：清代禁教期天主教経巻在民間社会的流伝」同氏編『史料与視界：中文文献与中国基

督教史研究』上海人民出版社、二〇〇七
趙大瑩「西文善本書志体例及様稿」『書志』一、二〇一七
中国国家図書館・中国国家古籍保護中心編『国家珍貴古籍名録図録』第三批第八冊、第四批第六冊、第五批第六冊、国家図書館出版社、二〇一二、一四、一六
鍾鳴旦（Nicolas Standaert）・杜鼎克（Ad Dudink）・黄一農・祝平一等編『徐家匯蔵書楼明清天主教文献』五冊、方済出版社、一九九六
鍾鳴旦・杜鼎克編『耶穌会羅馬檔案館明清天主教文献』十二冊、台北利氏学社、二〇〇二
鍾鳴旦・杜鼎克・蒙曦（Natalie Monnet）編『法国国家図書館明清天主教文献』二十六冊、台北利氏学社、二〇一三
鍾鳴旦・杜鼎克・王仁芳主編『徐家匯蔵書楼明清天主教文献続編』三十四冊、台北利氏学社、二〇一三
朱維錚・李天綱主編『徐光啓全集』十冊、上海古籍出版社、二〇一〇

［欧文］

Bailey, G.A., *Art on the Jesuit Missions in Asia and Latin America, 1542-1773*, Toronto, 1999
Barros, C., "Entre heterodoxos e ortodoxos : notas sobre catecismos dialogados na Europa e nas colônias no século XVI", *Revista de História e Estudos Cultuais*, 5-4, 2008
Bernard, H., *Le père Matthieu Ricci et la société chinoise de son temps* (*1552-1610*), Tientsin, 1937（漢訳：裴化行著、王昌社訳『利瑪竇与当代中国社会』東方学芸社、一九四三）
Id., "Les adaptations chinoises d'ouvrages européens bibliographie chronologique depuis la venue des portugais à Canton jusqu'à la mission française de Pékin 1514-1688", *Monumenta Serica*, 10, 1945

Billings, T., *Matteo Ricci : On Friendship, One Hundred Maxims for the Chinese Prince*, New York, 2009

Chan, A., *Chinese Books and Documents in the Jesuit Archives in Rome : A Descriptive Catalogue, Japonica-Sinica I-IV*, Armonk, 2002

Cooper, M., *Rodrigues the Interpreter : An Early Jesuit in Japan and China*, New York, 1974（松本たま訳『通辞ロドリゲス』原書房、一九九一は全訳ではない）

Cordier, H., *L'imprimerie sino-européenne en Chine : bibliographie des ouvrages publiés en Chine par les Européens au XVIIe et au XVIIIe siècle*, Paris, 1901

Courant.M. *Catalogue des livres chinois, coréens, japonais, etc.*, Paris, 1902-10

Criveller, G. *Preaching Christ in Late Ming China : The Jesuits' Presentation of Christ from Matteo Ricci to Giulio Aleni*, Taipei, 1997（漢訳：柯毅森著、王成志等訳『晩明基督論』四川大学出版社、一九九九）

D'Arelli, F., *Matteo Ricci : Lettere*（*1580-1609*）, Rome, 2001

D'Elia, Pasquale, *Il mappamondo cinese del P. Matteo Ricci S.I.*（*terza edizione, Pechino, 1602*）*conservato presso la Biblioteca Vaticana*, Vatican, 1938

Id., *Fonti Ricciane 3vols*, Rome, 1942-1949

Dunne, G., *Generation of Giants: The Story of the Jesuits in China in the Last Decades of the Ming Dynasty*, Notre Dame, 1962（漢訳：鄧恩著、余三楽・石蓉訳『一代巨人：明末耶穌会在中国的故事』社会科学文献出版社、二〇一四）

Gallagher.L. trans., *China in the Sixteenth Century : the Journals of Matthew Ricci*, 1583-1610, New York, 1953（漢訳：利瑪竇・金尼閣著、何高済等訳『利瑪竇中国札記』中華書局、一九八三）

Gernet, J., *Chine et christianisme : action et reaction*, Paris, 1982（漢訳：謝和耐著、耿昇訳『中国和基督教：中国和欧州文化之比較』上海古籍出版社、一九九一）

Hoang, X., "Girolamo Majorica. Ses oeuvres en langue vietnamienne conservées à la Bibliothèque Nationale de Paris", *Archivum Historicum Societatis Iesu*, 22, 1953

Hsia, R.A *Jesuit in the Forbidden City : Matteo Ricci 1552-1610*, Oxford, 2010（漢訳：夏伯嘉著、向紅艶・李春園訳『利瑪竇：紫禁城裏的耶穌会士』上海古籍出版社、二〇一二）

Humberclaude, P., "La littérature chrétienne au Japon il y a trois cents ans", J.Takakusu et al. eds., *Sylvain Lévi et son oeuvre*, Paris, 1937

Lamalle, E., "La propagande du P. Nicolas Trigault en faveur des missions de Chine（1616）", *Archivum Historicum Societatis Iesu*, 9, 1940

Lancashire, D. and Hu, P., trans. *The True Meaning of the Lord of Heaven*（*T'ien-chu shih-i*）, St. Louis, 1985

Laures, J. *Kirishitan Bunko : A Manual of Books and Documents on the Early Christian Mission*, Tokyo, 1957

Id., " Neuentdeckte japanische Jesuitendrucke im Pei-T'ang zu Peking", *Monumenta Nipponica*, 1-1, 1938

Li, S. and Meynard, T., *Jesuit Chreia in Late Ming China : Two Studies with an Annotated Translation of Alfonso Vagnone's Illustrations of the Grand Tao*, Bern, 2014

López Gay, J., "La Primera Biblioteca de los Jesuítas en el Japón（1556）—Su contenido y su infleuncia", *Monumenta Nipponica*, 15-3/4, 1959-60

Masson, M. ed., *Matteo Ricci : un jésuite en Chine : les savoirs en partage au XVIIe siècle*, Paris,

2010
Meynard, T., trans., *Le sens réel de "Seigneur du ciel"*, Paris, 2013
Mission catholique des Lazaristes a Pekin, *Catalogue de la Bibliothèque du Pé-t'ang*, 1949（英文版の覆刻が二〇〇八年に北京図書館出版社から出ている）
Moura Carvalho, P., *Mir'āt al-quds* (*Mirror of Holiness*) *: A Life of Christ for Emperor Akbar : A Commentary on Father Jerome Xavier's Text and the Miniatures of Cleveland Museum of Art, Acc. no. 2005. 145*, Leiden, 2012
Orii, Y., "The Dispersion of Jesuit Books Printed in Japan: Trends in Bibliographical Research and in Intellectual History", *Journal of Jesuit Studies*, 2, 2015
Pacheco, D., "Diogo de Mesquita, S.J. and the Jesuit Mission Press", *Monumenta Nipponica*, 26-3/4, 1971
Pages, L. *Bibliographie japonaise, ou, Catalogue des ouvrages relatifs au Japon qui ont été publiés depuis le XVe siècle jusqu'a nos jours*, Paris, 1859
Pelliot, P., *L'inscription Nestorienne de Si-ngan-fou*, edited by Antonino Forte, Kyoto, 1996
Pfister, L. *Notices biographiques et bibliographiques sur les jésuites de l'ancienne mission de Chine* (*1552-1773*), Shanghai, 1932
Roland, J., "Le Portugal et la romanisation de la langue vietnamienne. Faut-il réécrire l'histoire ?", *Revue française d'histoire d'outre-mer*, 85, 1998
Satow, E., *The Jesuit Mission Press in Japan, 1591-1610*, private printed, 1888
Schurhammer, G., "The First Printing in Indic Characters", *Harvard Journal Bulletin*, 6-2, 1952
Shelke, C. and Demichele M., eds., *Matteo Ricci in China : Inculturation through Friendship and*

Faith, Rome, 2010

Standaert, N., *Yang Tingyun, Confucian and Christian in Late Ming China : His Life and Thought*, Leiden, 1988（漢訳：鍾鳴旦著、聖神研究中心訳『楊廷筠：明末天主教儒者』社会科学文献出版社、二〇〇二）

Id., *Handbook of Christianity in China volume one : 635-1800*, Leiden, 2001

Tacchi Venturi, P. ed., *Opere storiche del P. Matteo Ricci S. I., 2vols*, Macerata, 1911-13

Loon, P., "The Manila Incunabula and Early Hokkien Studies", *Asia Major New Series*, 12-1, 1966

Wang, S. and Mignini, F., eds., *Matteo Ricci, Dieci capitoli di un uomo strano*, Rome, 2010

Zürcher, E. trans., *Kouduo richao : Li Jiubiao's Diary of Oral Admonitions. A Late Ming Christian Journal*, Nettetal, 2007

漢籍購入の旅

——朝鮮後期知識人たちの中国旅行記をひもとく——

矢木　毅

はじめに

本日は漢籍について語る集まりですので、まず研究所の架蔵本を一つ紹介します。【図1】に挙げた『名山蔵』という書物は、明の崇禎十三年(一六四〇)ころに明の何喬遠という人が編纂した紀伝体ふうの歴史書で、内容としては太祖・洪武帝より穆宗・隆慶帝に至るまでの時代の各種の伝記史料を収めています。その内容を詳しく紹介する余裕はございませんが、注目しておきたいのは人文研本『名山蔵』の蔵書印で、具体的は本書の序の第一葉に「建功客韓所得」、「北平来薫閣陳氏経籍鋪」、また巻一の第一葉に「清風」、「金氏基大」、「伯豊」などの印が捺されています。

このうち「建功」とは中国の著名な言語学者であり、また篆刻家でもあった魏建功(一九〇一〜一九八〇)のこと。彼は一九二七年から一年あまり京城帝国大学の中国語講師を務めておりましたから、そのとき朝鮮で購入した本の一つがこの『名山蔵』であったということになります。また「北平来薫閣陳氏経籍鋪」というのは研究所とも縁の深い来薫閣――北京・琉璃廠の書肆・来薫閣書店――の印です。来薫閣の主人・陳済川は魏建功の親しい友人でもありましたから、この本はおそらくは魏建功から来薫閣に引き渡され、来薫閣を経て研究所の架蔵に帰し

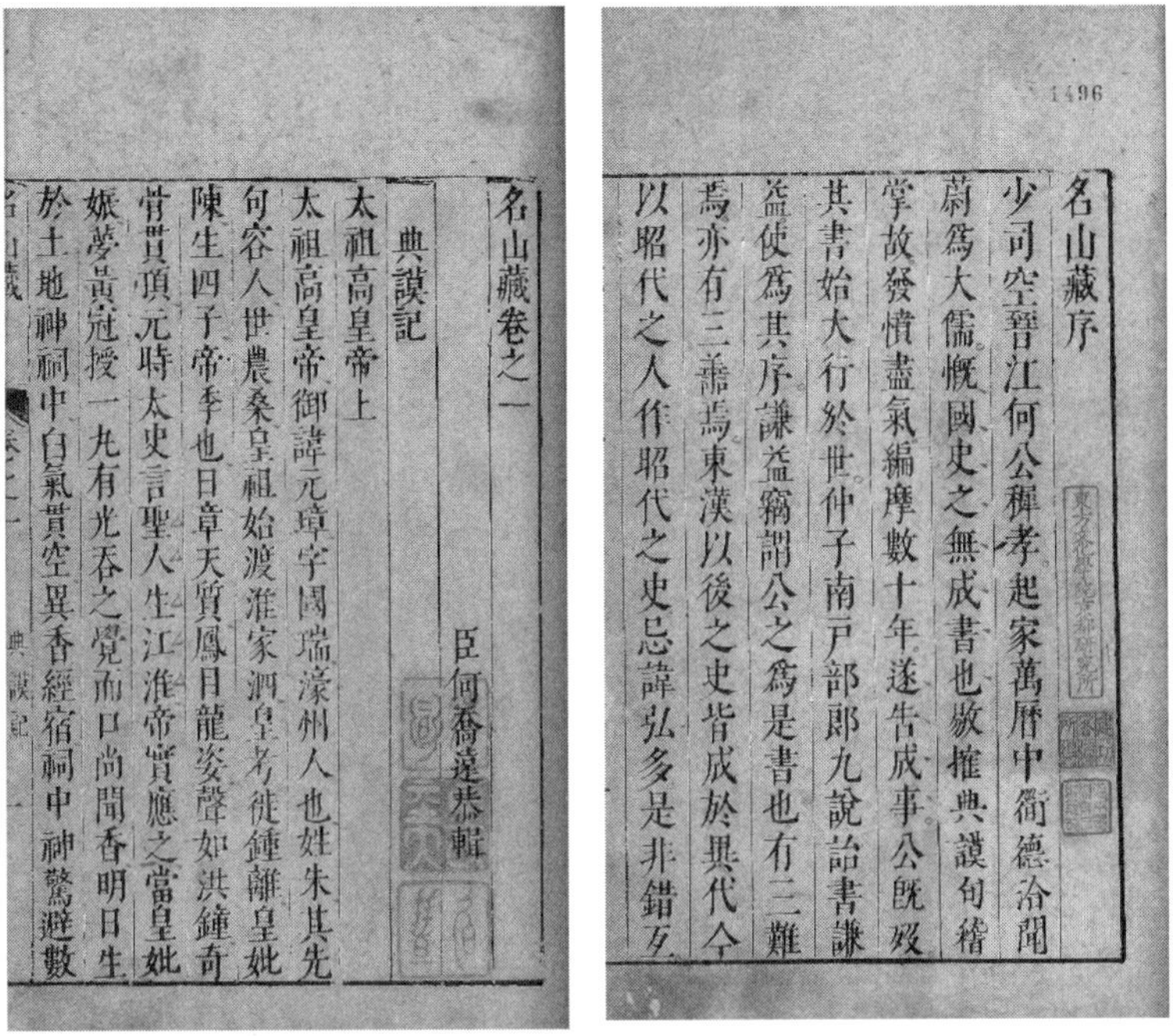
名山藏序
少司空晉江何公穉孝起家萬曆中衍德洽聞
蔚爲大儒慨國史之無成書也欲推典謨旬稽
掌故發憤盡氣編摩數十年遂告成事公既歿
其書始大行於世仲子南戸部郎九説詒書謙
益使爲其序謙益竊謂公之爲是書也有三難
焉亦有三善焉東漢以後之史皆成於異代今
以昭代之人作昭代之史忌諱弘多是非錯互

名山藏卷之一
臣何喬遠恭輯
典謨記
太祖高皇帝上
太祖高皇帝御諱元璋字國瑞濠州人也姓朱其先
句容人世農桑皇祖始渡淮家泗皇考徙鍾離皇妣
陳生四子帝季也日章天質鳳目龍姿聲如洪鍾奇
骨貫頂元時太史言聖人生江淮帝實應之當皇妣
娠夢黄冠授一丸有光吞之覺而口尚聞香明日生
於土地神祠中白氣貫空異香經宿祠中神驚避數

【図１】名山蔵（蔵書印）

たということになるのでしょう。(1)

次に、魏建功が植民地期の朝鮮で入手した『名山蔵』のもともとの所蔵者は誰だったのかといいますと、それは巻一の蔵書印にみられるとおり、清風金氏の金基大、字《あざな》伯豊であったということになります。

「清風金氏」、つまり忠清道清風郡を本貫とする金氏一族といえば、朝鮮王朝時代の歴史を多少とも勉強したことのある者にはすぐにピンとくるのですが、これは朝鮮後期の代表的な門閥貴族の一つで、事実、金基大（字伯豊、一七三八〜一七七七）というのは金時默という儒学者の子で、かつ孝懿王后金氏（正祖妃）の兄に当たる人です。(2) この名門一族が代々伝えてきた金基大の旧蔵書が、悲しいかな、植民地期に入って二束三文で、……かどうかは知りませんが、とにかく市場に放出されて、それを中国人の魏建功がソウルで入手したということになるのでしょう。

この本の旧蔵者が朝鮮の人であったということは、もう一つ、本の書き入れからも確認することができます。【図2】をご覧ください。『名山蔵』の末尾の「王享記」は正史でいえば四夷伝に当たるもので、朝鮮伝はその筆頭に位置しますが、そのうち、「成桂は李仁人の子」という記事の「仁人」の二字と、「終に旦を以て君を弑するの臣と為す」の「弑」の一字は、それぞれ黒々と抹消されているのです。

これはいわゆる「宗系辨誣」の問題に関わるもので、(3) 子細は省略しますが、要は朝鮮王朝にとって都合の悪い記述をご丁寧に塗りつぶしている、というわけです。こんな面倒なことをする所蔵者は朝鮮の人以外にはあり得ません。

しかし、この『名山蔵』は四つ目綴じの装訂からいっても中国で造られた本、すなわち唐本であることは間違いありません。したがって、この中国で刊行された唐本が、ひとまず朝鮮半島に輸出され、それを中国の人が朝鮮半島で購入して中国に逆輸入し、さらにその本が中国から日本へ再輸出されたということになります。中国・朝鮮・日本という、東アジア三国の市場を跨いで漢籍が複雑に流通していたことを示す、一つの面白い事例ということができるでしょう。

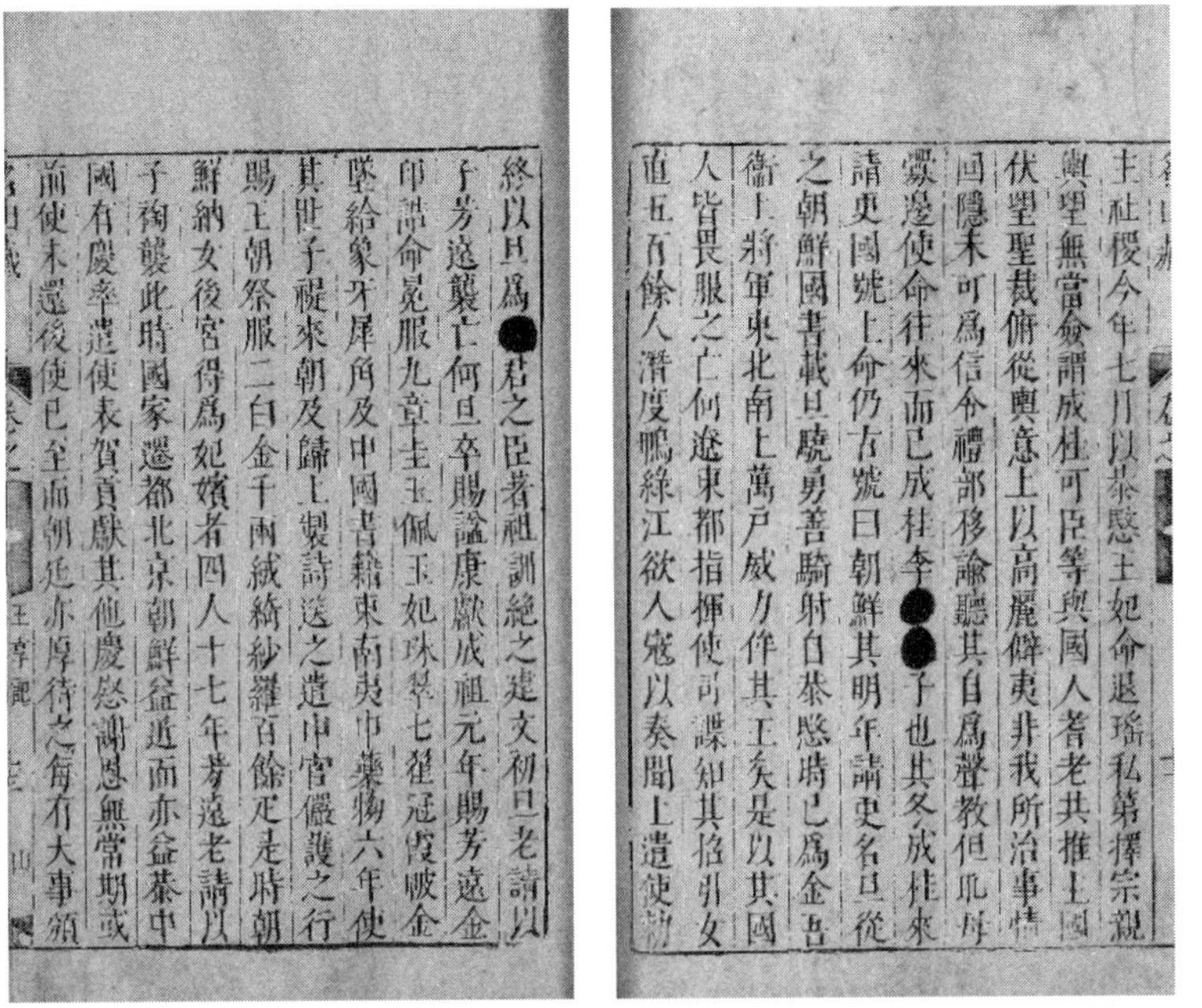

【図2】名山蔵（書き入れ）

本日はこの『名山蔵』を糸口として、中国で刊行された書物が一体どのようにして朝鮮半島に輸入され、読まれていたのかについて考えてみたいと思うのです。

漢籍輸入の経路

いわゆる唐本が朝鮮半島に輸入される経路は、主として朝貢使節団による持ち渡りです。一体、朝鮮王朝時代においては民間人が自由に国境を往来することは禁じられていましたので、中国に渡る者は、当然、朝貢使節団の構成員に限られることになります。もっとも、使節団のなかには訳官等と結託し、随員の定員枠を金銭で買い取った貿易商人が少なからず紛れ込んでいますので、その意味では民間人（商人）が国境を往来する機会はそれなりに確保されていたということもできるでしょう。ともかく、朝貢という形式を取った国際交易――いわゆる朝貢貿易――が、この時代には一定の制限のなかで定期的に行われていましたので、主にはこの朝貢貿易を通して中国から朝鮮半島に漢籍が輸入されていたということになります。

朝鮮王朝時代、中国の明朝に派遣される朝貢使節団は、通例、冬至と正朝――朝鮮では太祖李旦の諱を避けて、正月朔日の正旦のことを正朝と呼びます――および皇帝の誕生日である聖節の賀礼に合せて年に三回派遣され、また清朝に対しては特に「年貢」と呼ばれる服属儀礼としての貢納も行っていました。そうしてその他にも謝恩、進賀、奏請、陳奏、陳慰、進香、告訃、問安など、必要に応じてさまざまな名目で使節の派遣が行われていました。

このうち、もっとも重要なものは「冬至・正朝・聖節」および「年貢」の進貢ですが、清朝では順治元年（朝鮮・仁祖二十三年、一六四四）より以降、朝鮮使節に対する接待経費の合理化を図ってこれを元旦に一纏めに行うように変更しています。(4) 朝鮮ではこの使節を通称としては「冬至使」といっていますが、実際には時期的に近い「冬至」と「正朝」を一纏めにして前の年の冬至を新年の元旦に一緒に祝い、ついでに皇帝の誕生日（聖節）――たとえば康熙帝の誕生日は三月十八日――のお祝いも、早手回しに元旦に申し上げてから帰国する慣例になっていたわけです。歴代皇帝の実際の誕生日はそれぞれまちまちですが、数え年ではみな正月に一斉に年を取るわけですから、なるほど元旦に全部まとめてお祝いをしてしまうほうが合理的といえば合理的なのかもしれません。

もっとも、冬至・正朝・聖節および年貢の進貢額それ自体が減ったわけではないので、使節団の規模はおのずと大規模になり、かつ滞在期間も長期にわたるようになります。この「長期滞在」ということが、いわゆる「燕行録」の文学作品としての発達を促す重要な契機の一つとなります。そうしてこの「燕行録」のなかに、当時の朝鮮の知識人たちがどのようにして漢籍を購入し、またどのような漢籍を購入していたのかについての具体的な記述を数多く見出すことができる、というわけです。

一　朝天録と燕行録

朝鮮から中国に派遣された朝貢使節団の旅行記録を今日一般に「燕行録」と呼んでおります。しかし朝鮮が明朝に服属していた朝鮮前期――日本ではだいたい室町時代に相当します――においては、普通、この種の記録は燕行録とはいわずに朝天録、または朝天日記と呼んでいました。「朝天」とは「天子の朝（天朝）」に入朝すること、つまり天子に挨拶に行くということで、このうち、主として詩を採録したものを朝天録、紀行文を採録したものを朝天日記と呼んでいるようです。[5]

ところが清朝に服属して以降の朝鮮後期——日本ではだいたい江戸時代に相当します——においては、同じ種類の詩や紀行文でもこれを朝天録（朝天日記）とは呼ばずに燕行録（燕行日記）と呼ぶように変化しました。それはつまり、清朝を「天子の朝（天朝）」とは認めないぞ、という朝鮮後期の知識人たちの対外認識の表れです。

「天子の朝（天朝）」とは認めていないのに、そこにのこのこ朝貢しにいくというのもおかしな話ですが、ともかく、満洲人の建てた清朝に対して朝鮮の知識人たちはこのような屈折した意識を抱いていました。そこに、この時期の「燕行録（燕行日記）」がもっている一種独特の個性が認められます。

この点、詳しくはもう少し後のところでお話することにしましょう。

三大燕行録

いわゆる燕行録については、くだくだしい説明を聞くよりも実物について自分で読んでみるほうがはるかに有益です。しかし、膨大な数の紀行文のすべてに目を通すことは事実上不可能ですし、有体にいうと似たり寄ったりの詰まらない内容のものも少なくありませんので、まずは世評の高い、いわゆる三大燕行録から読み進めていくことをお勧めします。

具体的には、金昌業『老稼斎燕行日記（稼斎燕行録）』、洪大容『燕記』、朴趾源『熱河日記』を合わせて三大燕行録と称しているのですが、[6] なかでもその筆頭に位置する金昌業『老稼斎燕行日記』は、そもそもこのジャンルを確立した最も重要な作品であるといっても過言ではありません。後世への影響力もまた絶大で、たとえば、金昌業のいとこの子に当たる陶谷・李宜顕の二つの燕行録は、いずれも金昌業の直接的な影響のもとにある作品です。そこで今回は李宜顕その他の燕行録についても適宜言及しつつ、主として金昌業の燕行録を中心に当時の「燕行」のあれこれについて紹介していくことにしましょう。

『老稼斎燕行日記』については、いまのところ邦訳こそありませんが、古くは『朝鮮群書体系』の一つとして排印本が刊行されていますし、[7] 近年ではインターネット上で電子テキストを容易に閲覧することができます。[8] 李宜顕その他の燕行録についても同様です。燕行録全般についても昨今は研究が進んでいるので、もはや私が事新しく紹介するまでもないことなのかもしれませんが、[9] そのなかから特に漢籍の購入や伝来に関わる記事を拾い集めて、幾つかの補足を加えながら、私なりに朝鮮後期における漢籍輸入の歴史とその意義について考えてみたいと思うのです。

金昌業の家系

本題に入るまえに、まずは金昌業の家系について確認しておきましょう。【図3】をご覧ください。本貫は慶尚道の安東で、高祖父は克孝、曾祖父は尚寛、祖父は光燦、そうして父は寿恒（号文谷）です。しかし、祖父の光燦は叔父である尚憲の養子に入りましたので、系譜上は尚憲（号清陰）が曾祖父ということになります。金尚憲といえば、清太宗（ホンタイジ）が朝鮮を親征した南漢山城の籠城戦において、最後まで徹底抗戦を唱えた保守強硬派。このため「斥和の臣」として瀋陽に抑留され、清朝の入関によってようやく解放された経歴をもつ、いわゆる西人の党派の代表的な人物です。この金尚憲の系譜に連なっているということは、金昌業の思想・生涯において決定的に重要な意味をもつことになります。

次に父の寿恒ですが、これもまた西人の党派の代表格で、仲兄の寿興とともに相次いで議政府の宰相の地位にまで上り詰めました。しかし、当時は西人と南人との党派の軋轢が激しく、一時的に西人の勢力が没落したこともありましたので、金寿恒はその煽りを受けて己巳年（粛宗十五年、一六八九）に賜死の処分を受け、毒杯を仰いでこの世を去っています。このこともまた、金昌業の思想・生涯において決定的に重要な意味をもつことはいうまでもありません（余談ですが、大阪府立中之島図書館蔵『龍飛御天歌』（順治本）は領議政鄭太和に賜わった内賜本で、その内賜記にはこのとき行右承旨であった金寿恒の「恒」字署名が見えています(10)）。

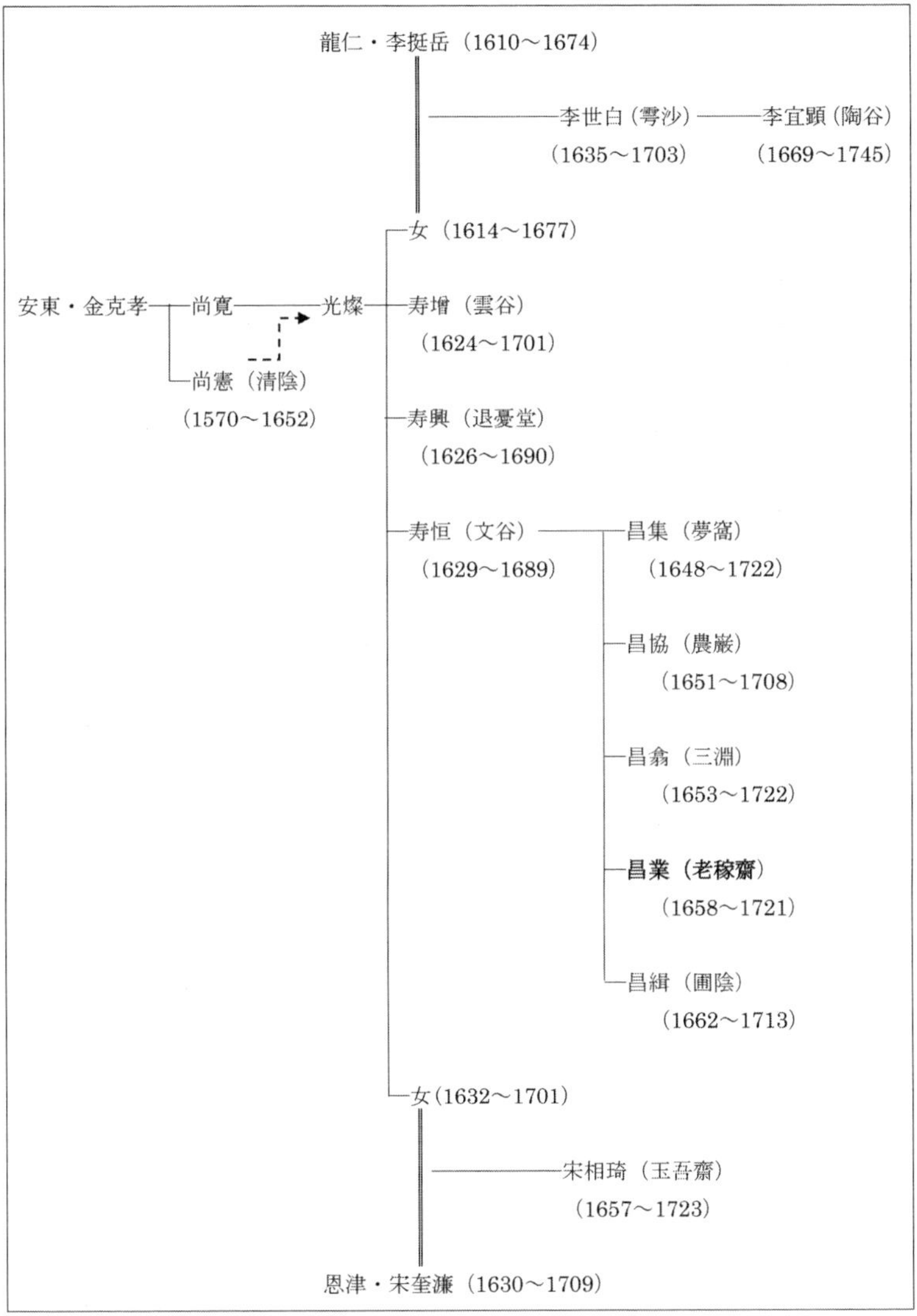
龍仁・李挺岳（1610～1674）
李世白（雩沙）
（1635～1703）
李宜顕（陶谷）
（1669～1745）
女（1614～1677）
安東・金克孝
尚寛
光燦
寿増（雲谷）
（1624～1701）
尚憲（清陰）
（1570～1652）
寿興（退憂堂）
（1626～1690）
寿恒（文谷）
（1629～1689）
昌集（夢窩）
（1648～1722）
昌協（農巌）
（1651～1708）
昌翕（三淵）
（1653～1722）
昌業（老稼齋）
（1658～1721）
昌緝（圃陰）
（1662～1713）
女（1632～1701）
宋相琦（玉吾齋）
（1657～1723）
恩津・宋奎濂（1630～1709）

【図３】安東金氏世系図

さらに金昌業の兄弟についてみると、長兄の昌集（号夢窩）をはじめとして、こちらも実に錚々たる顔ぶれです。金昌集は西人の勢力が復活した後、父や伯父と同様、議政府の宰相の地位にまで上り詰めていますが、この当時は西人の勢力が老論・少論に分裂し、宋時烈を支持する老論に属していた金昌集は、少論および南人からの言論攻勢を受けて、景宗二年（一七二二）に父と同様、賜死の処分を受けることになります。そうしてその一年前に、金昌業もまた病を得て亡くなっています（享年六十四歳）。もっともこれらは後日談で、金昌業が兄・昌集の随員として北京に旅立った当時は、後々このように苛酷な運命が兄弟を待ち構えているとは夢にも想像していなかったことでしょう。

その他、金昌業の伯叔母の子、つまり従兄弟としては李世白（号雩沙）や宋相埼（号玉吾斎）の名を挙げることができますし、また李世白の子としては前述の李宜顕（号陶谷）を挙げることができます。

要するに金昌業の家系は、これぞいわゆる両班《ヤンバン》の典型例であったわけです。

旅の参考書

金昌業の家系に連なる人々は、いずれも当時の著名な文臣たちですが、注目すべきは、その多くが相前後して北京への朝貢の旅路をたどり、その経験を紀行詩・紀行文として記録にとどめている、ということです。したがって、金昌業は直接・間接に彼らの体験談を聴いたり紀行文を読んだりして、早くから燕行への夢を膨らませていたと考えることができるでしょう。

具体的には、父の金寿恒が孝宗四年（一六五三）に書状官として入燕して「癸巳日記」を記し、また顕宗十四年（一六七三）にも謝恩使として入燕して「癸丑日記」を記しています。次に、伯母方のいとこの李世白は粛宗二十一年（一六九五）に冬至使として入燕して紀行詩を残し（『雩沙集』巻三）、叔母方のいとこの宋相琦（字玉汝）は粛宗二十三年（一六九七）に陳奏兼奏請正使行の書状官として入燕して「丁丑燕行記」を残しています。[11] これらは近しい親族の紀行文ですので、当然、金昌業はその内容に通暁していたことでしょう。

いわゆる三大燕行録の劈頭を飾る金昌業の『老稼斎燕行日記』は、もちろん彼の天才が生み出した傑出した文学作品であり、歴史記録ですが、同時にそれを生み出す土壌としては、安東金氏一門の卓越した政治的・社会的地位と、それに見合った優れた文化的遺産の蓄積とを見逃すことはできません。

金昌業の兄、金昌集は粛宗三十八年（一七一二）六月二十三日の人事で「冬至兼謝恩使」に任命され、北京に旅立つことになりましたが、生憎と病み上がりの身ですので、だれか兄弟の付き添いが必要です。そこで弟の金昌業が正使付きの「打角（荷物管理係り）」として随行することになったわけで、この年、金昌業は数えの五十五歳でした。

二　旅の見どころ

金昌業の旅は粛宗三十八年壬辰（一七一二）十一月初三日から粛宗三十九年癸巳（一七一三）三月三十日まで、足掛け五カ月（往復一百四十六日、うち北京滞在四十六日）の、実に長期にわたる大旅行でした。この道中に備え、金昌業は弟の金昌緝（号圃陰）が用意してくれた「沿路名山大川古蹟録」一冊、「角山・閭山・千山遊記録」一冊、および「輿地図」一張を携行していきます。このうち「沿路名山大川古蹟録」というのは、おそらく『大明一統志』などからの抜き書きでしょう。また「角山・閭山・千山遊記録」というのは李廷亀（号月沙）の文集（『月沙集』巻三十八）からの抜き書きで、[12]これをわざわざ携行しているのは、彼が李廷亀の先例にならってこれらの名勝地をぜひとも探訪しようと周到に計画を立てていたことを示しています。

旅のガイドブックを懐にして、いざソウルを旅立つことにしましょう。

ソウルから山海関まで

朝貢使節団の規模はその時々により違いますが、金昌業の場合でいうと正式の使者が三名（正使・副使・書状官）で、これに随員・馬丁・下僕の類を合わせて百六十名程度。それとは別に、

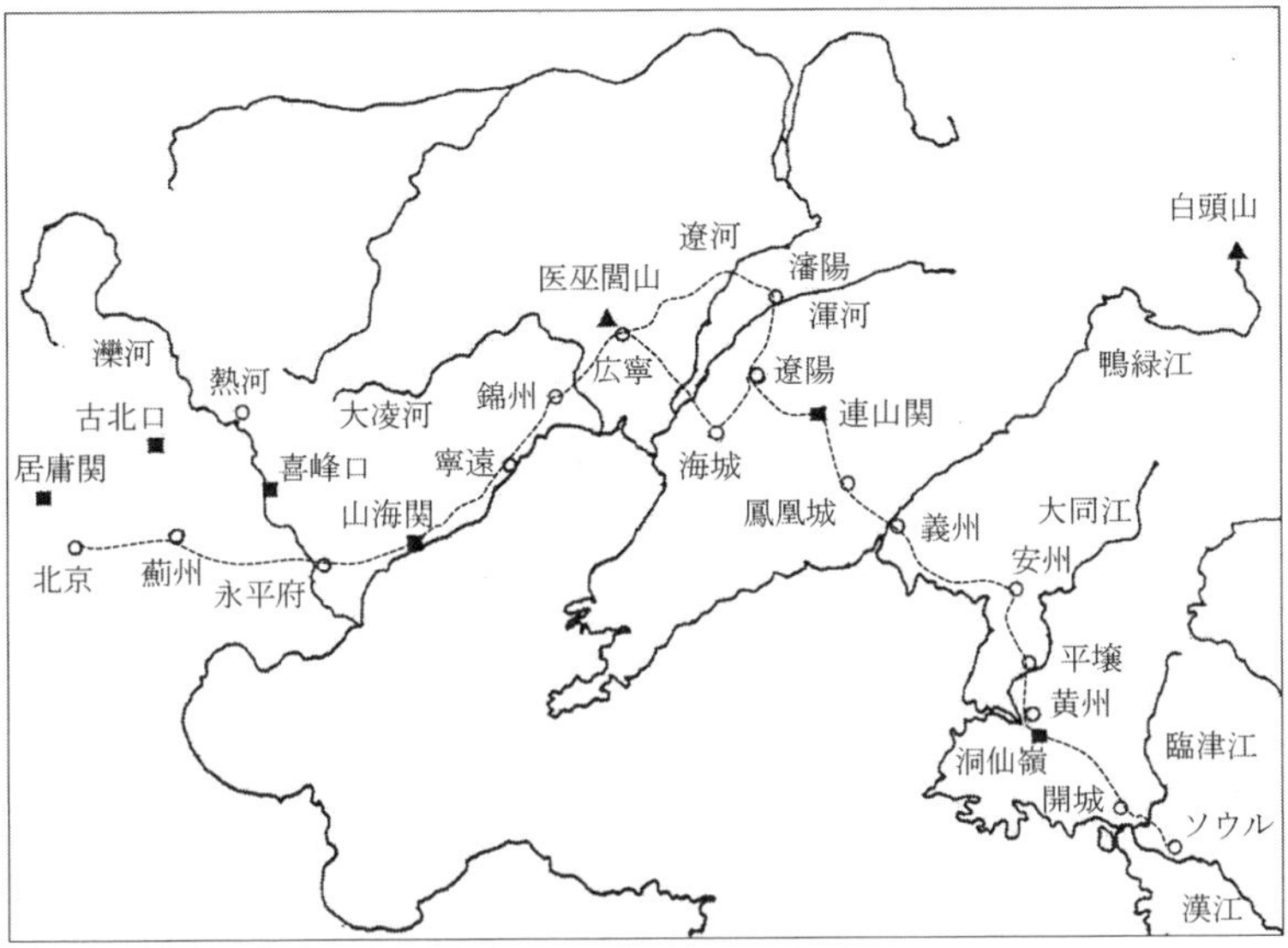

【図4】中原進貢路程

朝貢品を運搬する馬丁の類が三百六十名ほど加わりますので、総勢五百名を超える大所帯です。

ソウルから開城を経て洞仙嶺（慈悲嶺の一支）を越え、黄州、平壌、安州、義州を経て鴨緑江を渡った一行は、次に中国辺境の柵門を越えて鳳凰城に至り、連山関を越えて遼陽に至り、瀋陽を経由して広寧（今の北鎮）に至り、錦州、寧遠を経て山海関に至り、永平府（今の盧龍）、薊州、通州を経て北京に到着します。路程の概略については【図4】をご覧ください。

このうち遼陽から広寧までは、明代にはモンゴルの勢力を避けて海城を経由する海岸寄りのルートを通っていましたが、清の康熙十八年（朝鮮・粛宗五年、一六七九）からは海寇の勢力――臺湾鄭氏政権のことです――を避けて瀋陽を経由する内陸寄りのルートに変更されています。したがって、金昌業が通ったのは変更後の内陸寄りのルートということになりますが、いずれにしても山海関まではいわゆる「関外」の地で、山海関より内側が中国本土、いわゆるチャイナ・プロパーの地となります。

一六四四年に清朝が「入関」を果たし、山海関を越えて北京を制圧するに至るまでは、この山海関を挟んで明朝と清朝とが対峙していたわけですが、これより先、一六三七年にソウルの南の南漢山城で清朝に屈服し、いわゆる「城下の盟」を結んで清朝の属国となった朝鮮の人々は、心ならずも清朝の援軍として、かつて上国として事《つか》えていた明朝に対する戦争に動員される運命を甘受しなければなりませんでした。

遼陽より山海関に至るまでのこの朝貢ルートは、そのまま明清交替の戦跡をたどる歴史の旅でもあったわけです。心に「尊周」の理念——「周」というのは、具体的には漢人の王朝である「明」のことです——を秘めた朝鮮の知識人たちにとって、この旅路が特別のものであったことは言うまでもありません。

金昌業にせよ、また彼の後を追った李宜顕にせよ、彼らは行く先々で明人の遺跡を訪ね、明人の残した碑刻・扁額の類を克明に記録していきます。たとえば、寧遠（今の興城）では有名な「祖家牌楼」のことを詳しく記していますが、これは明の将軍でありながら、後に清朝に投降した祖大寿と祖大楽の築いた二つの牌楼（扁額を掲げた門楼）です。二人はいとこ同士で祖氏は代々武将の家柄。特に祖大寿の父・祖承訓は壬辰倭乱の際に朝鮮に援軍として派遣されたいわゆる唐将の一人ですから、朝鮮の知識人たちがこの「祖家牌楼」に特に関心を寄せていたことは当然でしょう。

金昌業は結局清朝に投降した二人のことを「畢竟、身は俘虜と為り、その家声を墜とす。惜しい哉」と言っていますが（壬辰十二月十五日条）、その言葉はそのまま自分たち朝鮮の人々にも当てはまることはいうまでもありません。こうした明末清初の史跡を訪ね歩くなかで、朝鮮の知識人たちは改めて清朝に屈服した恥辱を噛みしめ、いわゆる「尊周」の理念を心に刻みつけていくのです。

山海関から北京まで

山海関を越えるとそこから北京まではほとんど一直線の旅となりますが、この道中では豊潤県と玉河県との中間に位置する高麗堡の記述が目を引きます。高麗堡というのはその名のとおり高麗人（朝鮮人）の村で、おそらくは丙子胡乱（清太宗の親征）で清朝の捕虜となった朝鮮人たちの子孫の村なのでしょう。[13] ここでは朝鮮と同様に水田耕作が行われており、畑作地帯の北中国では珍しい風景として、金昌業も、その後に続いた李宜顕も、均しくその事実を特筆しています。

その他の名所旧跡としては、とりわけ永平府（今の盧龍）の郊外にある、伯夷・叔斉の廟（夷斉廟）を見逃すことはできないでしょう。伯夷・叔斉の兄弟は、殷末の孤竹国の賢者で、周の武王による武力革命に異議を唱え、周の粟を食むことを拒んで首陽山に隠遁し、ついには餓死するに至ったといわれていますが、その事跡は司馬遷が『史記』列伝の筆頭に「伯夷列伝」を立てたことによって千古に伝わることになりました。儒教の徒である朝鮮の知識人たちが、この夷斉廟を素通りするはずはありません。金昌業は往路・復路ともにこの夷斉廟に立ち寄っています。

帰途の寄り道

上述のとおり、金昌業は旅立ちに際して李廷亀の紀行文の抜き書き（角山・閭山・千山遊記録）を携行していましたが、これらの名勝地を金昌業は必ず訪問したいと考えていました。このうち、角山というのは山海関の北の山で、そこには角山寺という名刹がありますし、また医巫閭山には北鎮廟や観音閣などの名所がありますので、金昌業はソウルへの帰途に、それぞれ使節一行とは別行動を取って訪問しています。また、遼陽の南に位置する千山については朝貢ルートの本道からかなり外れているのですが、金昌業は大胆にも長期の単独行動を取って、こちらもソウルへの帰途に遊覧を決行しています。かねて李廷亀の紀行文に親炙していた金昌業としては、この先達の跡を慕ってどうしても自分の目で千山を見ておきたかったのでしょう。こうしたわがままな振舞いが使節一行によって黙認されていたのは、もちろん、彼が正使・金昌集の実弟だったためにほかなりません。

もっとも、北京の手前、薊州の北に位置する有名な景勝地の盤山（盤龍山）については、さすがの金昌業もここを訪ね損なっており、そのことを「今でも残念に思っている（至今有遺恨）」と、李宜顕にこぼしています。(14)

ちなみに、往路はスケジュールがタイトなために、使節一行の物見遊山は時間的に余裕のある復路に回すことが多かったようです。

三　玉河館のあれこれ

話が帰り旅にまで先走ってしまいましたが、ここで本筋に戻って朝貢使節一行が北京にたどり着いたところにまで話を引き戻すことにしましょう。

玉河館

北京に到着した一行は、朝陽門と呼ばれる東の大門を通って城内を西に進み、四牌楼と呼ばれる十字街を南に折れて崇文門に向い、その手前で西に折れて玉河橋を渡り、使臣一行のために用意された客舎に落ち着きます。

ここは北京の皇城の南、玉河（御河）の西岸に位置する会同館で、朝鮮では一般に「玉河館」と呼ばれていました。[15] この客舎は後にはロシア（俄羅斯）の使節が使用することになります。そこで朝鮮使館は後には正陽門内東側の、教習庶常館の東に移りました。ここは玉河館の西南に当たりますので「西館」と呼ばれています。[16]【図5】の地図は光緒三十四年（一九〇八）のものですが、この地図に「俄国使署」「俄兵営」と書いてある辺りが、すなわちもとの玉河館です。

東交民巷（または東江米巷）と呼ばれるこの辺りは、地図に見られるとおり欧米の外国公館が立ち並んだエリアで、一九〇〇年の義和団事件の際には在留外国人たちの決死の籠城戦が繰り広げられたところとしても知られています。北京留学中の服部宇之吉、狩野直喜や、ロンドンタイムズ特派員のモリソンなど、わが国の東洋学に関わりの深い人々もこの籠城戦に巻き込まれていたことは有名ですが、[17] もちろんそれは後の話。

金昌業が滞在した当時は平和そのもので、朝鮮使館の北隣りにはモンゴルの宿舎がありましたが、互いに物珍しいものですから、塀越しに覗き合ったりしているのはご愛敬です（癸巳正月初八日条）。

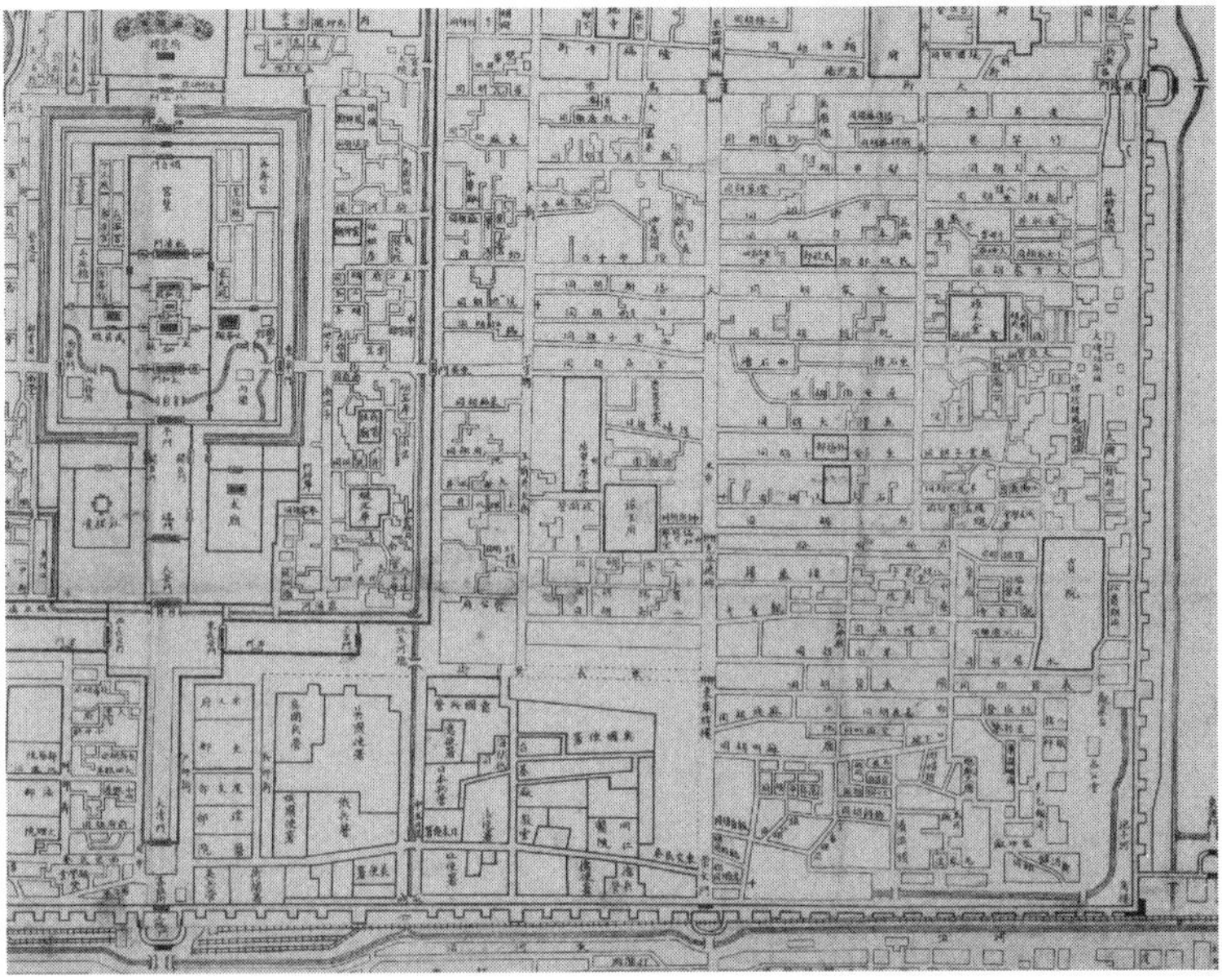

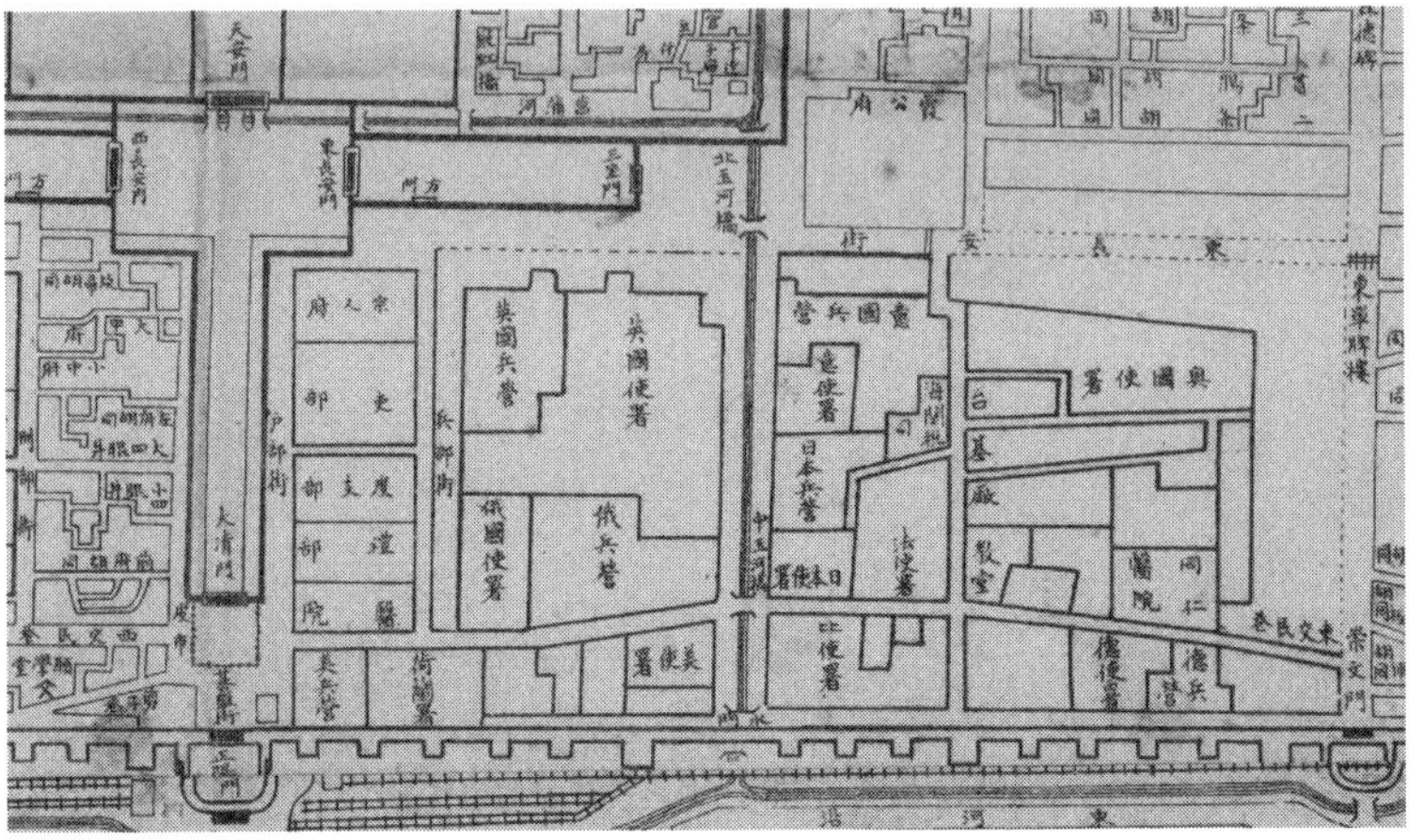

【図５】北京地図（光緒三四年、一九〇八）

朝貢の儀礼

使節一行が北京に到着すると、まず礼部に行って表文・咨文を呈納し、鴻臚寺に行って朝賀のリハーサルを行い、太和殿で朝参の儀礼に参加したのち、朝貢品を呈納して、これで最も重要な朝貢の使命は一段落となります。[18] 朝鮮からの貢納品は、主には紵布（からむし）や朝鮮人参、白綿紙などです。[19]

次に、太和殿で皇帝からの回賜品と賞賜品を受け取ります。頒賞の対象となるのは「正使・副使・書状官各一員、大通官三員、押物官二十員、従人二十六名」の合計五十二名で、それ以外の随員に対しては受け取ったなかからさらに分与します。回賜品・賞賜品は主には「銀」で、これは端的にいえば朝貢品に対する対価の支払いといってよいのでしょう。[20]

一般に中国では朝貢国に対して貢納品を上回る額の回賜品を与えますが、それは中国にとっての朝貢貿易が「外夷」を懐柔して国境の安全保障を確保するための政治的手段であったためにほかなりません。長大な国境線を守るための軍事費が節約できることを考えれば、回賜品の支出などは、むしろ安いものです。

使館貿易

賞賜品の頒布が終わると、次に朝鮮使館のなかに中国の商人を呼び入れて公貿易および私貿易が行われます。最初に朝鮮政府が高級品を先買いするのが公貿易。次に残り物の一般商品を使臣とその随員たちが私的に購入することが私貿易です。いずれにしても、その主体となるのは使節団の名義を借りた商人たちにほかなりません。そうして朝鮮の人々の本音としては、この使館貿易こそが朝貢の旅の本当の目的です。

朝鮮の輸入品は、おもには薬材（漢方薬）、絹織物、漢籍などで、購入代価は基本的には銀で決済されます。もっとも、その貿易品目には制限があり、たとえば歴史書（史書）を購入することは、外国人には許可されていません。この史書収買の禁令については、後ほど詳しく説明することにします。

下馬宴と上馬宴

使館貿易が終わると、あとは帰国を待つばかりですが、その前に下馬宴と上馬宴が行われます。下馬宴は礼部で行われる歓迎会、上馬宴は玉河館で行われる送別会のこと。歓迎会と送別会を同日に行うというのも変な話ですが、これも清朝一流の合理主義ということなのでしょう（癸巳二月十二日、十三日条）。

この間、玉河館での滞在は通例四十日。長い場合では六十日ほど滞在した例もあります。[21]

通官

玉河館での滞在中、清朝との交渉全般にわたってもっとも頼りにしなければならないのが通訳官の存在で、しかしこれはある意味ではもっとも頼りにならない存在ということもできます。通例、清朝の側の朝鮮語通訳のことを通官といい、朝鮮側の中国語通訳のことを訳官といいますが、いずれにしても、彼らの言語能力について金昌業はまったく信頼していません。中国側の朝鮮語通訳は、大抵は丙子の乱に際して中国に連行された被虜人の子孫たちですが、世代が交替するとともに段々と朝鮮語のほうも怪しくなって、その場その場でいい加減な通訳をしていたようです。

一方、朝鮮の方では司訳院という役所で専門的に通訳官を養成しているのですが、これらは「伎術官」として貶められ、両班の子弟は就学を忌避する傾向がありましたので、自然、庶孽や中人と呼ばれる身分の低い家柄の子弟が訳官のポストを世襲していくようになります。彼らの言語能力も、残念ながら中国の通官たちと同レベルで、はなはだ当てになりませんので、結局、重要な交渉については書状官の作成する文書による交渉に頼らざるを得ません。

口頭による伝達はあくまでも補助の位置づけであって、大事な事柄はすべて漢文の文書によって遣り取りされています。なお後述するとおり、金昌業は一通り中国語は話せますし、また中国語に堪能な下僕を引き連れてもいるのですが、知識人との大切な対話においては、やはり筆談を用いています。

買頭

貢納品の納入と回賜品の引き渡しがおわると、次に使館での貿易が行われますが、このとき使館に出入りを許された中国の御用商人たちのことを「買頭」といいます。金昌業の当時もっとも勢力を持っていたのは、玉河館の門前に店を構える鄭世泰という人物で、政府関係の公貿易は、ほとんど彼が独占していました（癸巳正月十七日条）(22)。

序班

それから、玉河館には礼部から序班と呼ばれる胥吏が派遣され、彼らが礼部における事務的な手続きやら、書物の購入やらの手伝いをしてくれます。書物の購入は必ず序班を通す決まりで、それは検閲の意味をもっています。もちろん、仲介の手数料が彼らの懐に入っていくことはいうまでもありません。

序班は一般に南方の出身で、郷里を遠く離れているため経済的には困窮しているものが多く、その分、賄賂の誘惑にも乗りやすいので、中国の政治情勢については主として序班に賄賂を贈って情報を仕入れています。もっとも、序班のほうでもいい加減な情報を売りつけますので、朝鮮の人々がそれらを一から真に受けていた、というわけでもありません。

こうして小遣い稼ぎをしながら役務を全うした序班たちは、うまくいくと知県ポストを割り当てられ、そこで一生分の蓄財をすることができます。いわゆる「北学派」の知識人たちが交際した中国の知識人たちというのは、だいたいこの種の階層の人々です。

館夫

館夫は玉河館に配属された中国側の雑役夫（隷卒）で、使館滞在中の日用品はすべて彼らを通して調達し、帰国時にその費用を清算することになっています。通例、朝鮮のほうで多めに支払いますので、館夫たちの生計はそれで成り立っているようなものです。むしろ実態としては、その利益を見込んだ中小の商人たちが、館夫の名目で玉河館に詰めている、といったほうがよいのでしょう。

甲軍

甲軍は使節一行の護衛（ないし監視）を担当する軍人で、北京までの道中においては護行の甲軍がリレー式に配属され、また玉河館においても守門の甲軍が配置されています。後に述べるとおり、金昌業はたびたび玉河館を抜け出して北京の観光にいそしむのですが、そのときも必ず甲軍が随行して彼を護衛（ないし監視）していました。もっとも、金昌業は担当の甲軍とすっかり仲良くなって、甲軍をあたかも現地ガイドのように使っています。これは甲軍に与えた人情（心づけ）が利いたということでしょうが、同時に金昌業の持って生まれた人柄によるところでもあったのでしょう。

欄頭

さて、使臣一行の本当の目的は交易にありますので、当然、相当な量の交易品を持ち込み、また持ち帰ります。一般に、遼東から先、北京までの往復の交通費については受入国である中国から兵部の「票文」を発給し、中国の公費で旅行をすることができるのですが、公貿易・私貿易のための貨物は使臣たちの私物ですので、こちらは自分たちで輸送の手配をしなければなりません。遼陽までは朝鮮から派遣された役夫たちがこれを担当し、団練使という軍官がこれを統率しますが、遼陽から先は現地で中国人の車夫を雇用します。これが現地の人々にとっては少なからぬ利益をもたらしますので、いつしか有力業者が朝鮮使節団の車夫の手配を一手に独占し、政府に税金を納めてその特許を得ることに成功しました。康熙二十八年（朝鮮・粛宗十五年、一六八九）の頃のことです。

当時、この運送請負業者のことを欄頭（または攔頭、攬頭）といいましたが、およそ独占の存するところ、市場原理が阻碍されて運賃が業者の思うように釣り上げられてしまうことは理の当然です。このため雍正元年（景宗三年、一七二三）には朝鮮からの訴えを認めて胡嘉佩（または胡嘉珮）などの欄頭による市場の独占が排除され、使節団は従来どおり現地で自由に車夫を雇用することができるようになりました。しかし、金昌業が燕行した当時は依然として欄頭がのさばっていたころですから、彼の日記には欄頭、および欄頭と結託した朝鮮側の訳官たちの不正を批判する記述が数多く残されています（壬辰十一月二十八日、十二月初三日、初六日条）。[23]

八包

交易の決裁手段としては「銀」を使用します。もともと朝鮮は明朝に対し、「我が国では金銀を産出しない」と嘘の報告をして金銀の貢納を免除してもらっていた建前上、銀の代わりに朝鮮人参を持ち込んでこれを交易の決裁手段に代用していました。中国に持ち出す人参は、一人あたり八十斤と制限されていましたので、これを「八包」と称します。[24]しかし後には日本からの銀の輸入が盛んになりましたので、人参一斤を銀二十五両、八十斤を銀二千両に換算して銀を持ち出し、これを「八包」と称するようになりました。朝鮮と中国との交易は、実のところ、日本から輸入される「銀」によって支えられていたわけですが、この点については日本史の分野で詳しい研究が進められていますので、そちらのほうをご参照ください。[25]

交易品のなかには、当然、本講演会の主題となる「漢籍」も含まれているわけですが、これについてはもう少し後のところで触れることにしましょう。

四　北京の見どころ

使臣団一行、とりわけ使臣団に潜り込んだ商人たちの目的は、もっぱら朝貢の後におこなわれる使館貿易にあったわけですが、金昌業にとっては何より北京を見学することこそが目的です。北京に到着したその当日から、彼の実に精力的な街歩きが始まりました。

もっとも、北京滞在中の朝鮮使節一行は、必ずしも自由に行動することを許されていたわけではありません。時代により違いがあって一概には言えませんが、少なくとも原則としては行動の自由が制限されています。

明の弘治十三年（朝鮮・燕山君六年、一五〇〇）に「賀聖節使」の「質正官」——漢語・吏文について質疑するために派遣される学者——として「朝天」した李荇（一四七八～一五三四、号容斎）という文人（このとき数え二十三歳）は、その紀行詩「朝天録」の一編「大熱」のなかで、

皇朝の法網は日ごとに縝密

客館は塊然として幽圄に等《ひと》し[26]

と詠っています。それから二十年ほど後の嘉靖初年、朝鮮使節一行の金利錫という訳官が北京の書肆で『大明一統志』（明・天順五年、一四六一、撰進）を購入しようとしていたところ、たまたま明の主客郎中・孫存仁という人が通りがかりにこれを見付け、「これは外国人の購入すべき書物ではない」と詰って、以後しばらくの間、朝鮮使節一行は玉河館を勝手に出入りすることができなくなってしまいました。その後、嘉靖十三年（中宗二十九年、一五三四）に朝鮮から蘇世譲という人が派遣されて明朝に門禁の解除を要請しますが、これについては礼部尚書の夏言という人のとりなしもあり、朝鮮使節一行は五日に一度の市内観光を許されることになります。しかし門禁そのものはその後も存続していましたから、必ずしも常に行動の自由が保障されていたというわけにはまいりません[27]。

以上は明代の話ですが、これに代わった清朝のほうは割合と寛大で、とりわけ三藩の乱を平定して中国の支配を確立して以降は、朝鮮使節一行に対して特段に行動の自由を制限することはありませんでした。もちろん、身分の高い三使臣（正使・副使・書状官）の場合は勝手気ままに北京観光を楽しむというわけにはまいりません。しかし金昌業の場合は正使である兄の金昌集の黙認のもと、「水汲み」を名目としてかなり頻繁に玉河館を抜け出しています。その際、門番にはもちろん心づけ（人情）を渡して見逃してもらっているのです。また監視役として清朝の軍人（甲軍）が付いてきますが、これにも適当に心づけを渡して手懐けておきますので、むしろ現地ガイドとして活用しているといったほうがよいくらいのものです。

金昌業とすっかり打ち解けた中国の役人たちは、「また水汲みですか」と冷やかしながらも、「北京にきた以上は、観光を楽しまないほうがおかしい」と冗談を言って送り出してくれるほどで、彼に対しては至って寛容です（癸巳二月初一日条）。金昌業の人柄によるところも少なくはありませんが、すべては中国支配を確立した清朝の余裕のなせる業といえるのでしょう。

北京を観光するに当たって金昌業が大いに活用した書物は『大興県志』でした。大興県というのは順天府、すなわち北京城内の倚郭県の一つで、北京の東を大興県、西を宛平県といい、この二県を順天府が統轄しています。このうち、大興県の地志である『大興県志』は康熙二十四年（朝鮮・粛宗十一年、一六八五）に刊行されましたが、金昌業はこれを北京に到着してすぐに入手しました。

もともと地志は史書の一種。史書は外国人に妄りに販売してはならないはずですが、金昌業が割合あっさりと入手しているところをみると、その種の禁令も当時は随分と弛んでいたのでしょう。そもそも「外国人の購入すべき書物ではない」はずの『大明一統志』にしても、金昌業は北京までの道中でたびたびこれを参照しているのです。一方、『大興県志』には北京の名所旧跡があらかた網羅されていますから、金昌業が北京のそぞろ歩きを楽しむに当たってこの本を大いに活用したことは間違いありません。

具体的には、巻一、輿地、古蹟考に見える「太学石鼓（国子監）」、「観象臺」、「泡子河」、「文丞相祠（順天府学）」、「三忠祠（諸葛亮、岳飛、文天祥を祀る祠堂）」、「金魚池」など、巻二、営建、壇壝考に見える「圜丘壇（天壇）」、「先農壇」、同じく巻二、営建、寺観考に見える「関帝廟」、「法蔵寺」など――これらは金昌業が『大興県志』の記述を参照しながら直接訪ね歩いたことが確実な場所で、その多くは今日でも著名な観光スポットとなっています。

それから金昌業は欽天監にも立ち寄っていますが（癸巳二月十五日条）、清朝は西洋の数学・天文学・物理学などが優れていることを認め、国立天文台である欽天監に西洋人を採用していましたので、これら北京在住の西洋人を通して朝鮮の人々もまた西洋の学術、ないしキリスト教に少しずつ接触していくようになったことは重要です(28)。ただし、それはもう少し後の時代の話で、金昌業その人はキリスト教には別段関心をもっていなかったようです。

五　尊周の大義

精力的に北京の観光スケジュールをこなしていく金昌業ですが、単なる物見遊山だけが彼の目的ではありません。それと同様、いや、それ以上に大切な目的は、中国の知識人たちの意中を探ること、具体的には、彼らに「中華復興」の志があるかどうかを窺うことにありました。北京に至る道中、また北京での滞在中、金昌業は得意の中国語を駆使し、または筆談を用いながら中国の知識人に対して積極的に対話を試みていますが、そのきっかけとしていつも話題に挙げていたのは、自分たち朝鮮人のコスチューム（衣冠）を見てどう思うか、ということです。

清朝に服属した漢人たちは、忠誠の印として辮髪を強要されましたが、それより早く、南漢山城における「城下の盟」によって清朝に屈服した朝鮮の人々に対しては、清朝はなぜか辮髪を強要することはありませんでした。それは朝鮮の人々に言わせると、丙子の乱における激しい抵抗戦によって勝ち得た貴重な「戦果」の一つでした[29]。

このため、朝鮮の人々は新羅の時代に唐朝から賜わった衣冠の制度、また高麗末に明の洪武帝から賜わった衣冠の制度をそのまま保持していることに大変な誇りを感じています。少なくとも衣冠の制度に関する限り、「中華」の伝統を保持しているのはむしろ朝鮮のほうだ、というわけです[30]。

そこで清朝治下の中国人（漢人）に対し、半ば冗談めかして「私たちのコスチュームはさぞかし滑稽でしょうね？」と水を向け、相手方の反応をうかがいます。中国人（漢人）のほうは、大抵はこの話題を忌避して適当に受け流してしまうのですが、なかには憂国の情が表情に表れる人物もいて、そういう人に対しては、これはちょっと見どころのある人物だ、ということで、さらに積極的に対話を仕掛けていきます。

たとえば往路・十三山における村の少年・張奇謨との対話（壬辰十二月十二日条）。

金——お前たちは韃子（満洲）と通婚するのか？
張——夷狄の人が、どうして我々中国と通婚できるというのだ（できない）。
金——我々高麗（朝鮮）は東夷であるが、お前は我々のことを韃子（満洲）と同様に観ているのか？
張——貴国は上等の人であり、韃子（蒙古）は下流の人である。どうして一様にできようか（できない）[31]。

中国と夷狄の区別を強調する張奇謨に、金昌業は少し見どころがあると感じたのでしょう。彼はさらに対話を進めて行きます。

金——中国と夷狄の区別については、一体誰から話を聞いたのだ？

張――本に書いてある。孔子のいわゆる「吾それ披髪左衽せん」だ。
金――韃子（満洲）は剃髪しているが、お前たち（漢人）もまた剃髪している。いったいどこに中国・夷狄の区別があるというのだ。
張――我々の剃髪には「礼」があるが、韃子（蒙古）の剃髪には「礼」がない。(32)

満洲人のことを「韃子」と呼ぶ金昌業に対して、張奇謨はこれをモンゴル人のことと誤解していますが、とにかく自分たち漢人は辮髪していてもモンゴル人と違って中華の「礼」をわきまえている、というわけです。

これに対して金昌業は次のように対話を締めくくりました。

お前は若いのに夷狄と中国の区別をわきまえているのは、貴くもあり悲しくもある。高麗は東夷であるとはいえ、衣冠文物はみな中国に倣っている。だから「小中華」と呼ばれているのだ。しかし、今のこの問答は外に漏れると都合が悪いから、だれにも言うなよ。(33)

このように、現地の少年との何気ない遣り取りのなかにも金昌業の「尊周」の意思ははっきりと示されています。彼が現地の知識人たちと対話を重ねた真のねらいは、現今、清朝に服属している漢人のなかに、果たして「中華復興」の志があるのかどうか、ということなのです。

胡に百年の運なし

このころの朝鮮の知識人たちは、特に根拠もなく、一つの確信を共有していました。「胡に百年の運なし」、つまり百年以内に清朝は必ず滅亡する、というのです。もともとこれは前漢の宣帝の時代に、「胡」、すなわち匈奴の呼韓邪単于が漢に帰順してきたことに対して、『漢書』の撰者である班固が「匈奴百年の運」が尽きた結果であると評したこと[34]、また当該の記事に対する『通鑑綱目』の注（劉友益「書法」）に、「信なるかな、百年の運なきや」、と評したこと[35]などを典拠とする成語で、より著名な用例としては、明の洪武帝の「諭中原檄」に、「胡虜に百年の運なし」とあることなどが知られています[36]。いずれも北方の異民族から圧迫を受けていた中国人（漢人）たちが、希望的観測を含めて、その没落を確信した言葉にほかなりません。

ヌルハチが後金を建国したのは一六一六年のことですから、康熙帝の時代はそろそろ「百年の運」も尽きようとする、ちょうどその頃ということになります。ぜひ滅びてほしい、いや滅びるに違いない、という希望と確信がないまぜになったような感情に、朝鮮の知識人たちの多くが捉われていました。

朝鮮後期の人々が国是としていた「北伐」とは、清朝の「百年の運」が尽きることを見越して、その機にすかさず鴨緑江外に出兵し、中国本土（山海関内）で引き起こされるであろう中華復興の運動に山海関の外から呼応しようとする戦略のことをいいます。それは今日から見れば、いかにも空想的な戦略にすぎませんが、朝鮮の孝宗という王様の治世には、これを大真面目で実行するつもりであったことはよく知られています(37)。

三藩の乱の平定後には、さすがに「北伐」を決行する機会も得られなかったために、朝鮮の人々はもっぱら「内修外攘」を口実として「北伐」の理念は棚上げにしてしまった形ですが、それでも「北伐」の理想を放棄することは、朝鮮後期の知識人たちにとって決してあってはならない事柄であったことは記憶にとどめておかなければなりません。

そうしてそれは、「北伐」の理念に最も忠実であった「西人」の党派の嫡流とでもいうべき安東金氏の家門に生まれた金昌業にとっては、いわば生まれながらにして受け継いでいる時代通念であったわけです。

六　康熙帝と朝鮮

金昌業が北京に滞在したのは康熙五十一年（朝鮮・粛宗三十八年、一七一二）十二月二十七日から康熙五十二年（朝鮮・粛宗三十九年、一七一三）二月十五日までの四十六日。この間に年が改まって金昌業は数え五十六歳です。一方、清の康熙帝は少し年上の数え六十歳でしたから、二人はほぼ同世代人といってよいでしょう。この清朝全盛期の皇帝と、金昌業はいくつかの接点をもつことになります。

暢春園

暢春園は北京の西北に位置する皇室の御苑で、もと明の李偉という人の別荘のあったところを康熙帝が改築して暢春園と名付けました。円明園の南に位置するので前園とも呼ばれています。金昌業は「暢春苑」と表記していますが、ここでは『欽定日下旧聞考』に従って暢春園と表記しておきます(38)。今は北京・海淀区の海淀公園と呼ばれている辺りがその旧址です。

康熙帝はこの暢春園に朝鮮の医官を招いて王子の診察をさせ、また「善射人」を招いて帝の御前で朝鮮の弓術を披露させていますが、このとき金昌業はちゃっかり随行して暢春園を見物しています（癸巳正月二十五日条）。さすがに康熙帝の御前にまでしゃしゃり出ることはできませんでしたが、帝の御前で弓術を披露した武士たちの言によると、康熙帝は「額が広くて頤はやや尖り気味。まばらな髯が頬にかかって白髪まじり。左右の目が不釣り合いで、いかにも聡明（広顙、頤稍殺、疏髯犯頰而斑白。雌雄眼、神気清明）」との印象です。

実はこのとき、康熙帝は使臣一行のなかから「能詩能写」の者、つまり詩文と書道に秀でた者についても引見したい意向があったようです。要するに、文武両道について朝鮮人の「お手並み」を拝見したい、ということなのでしょう。金昌業ほどの才能があれば、その場で即興の詩を披露して康熙帝をうならせることもできたのでしょうが、彼は正使・金昌集の実の弟という身分を中国の人々には隠していますので、面倒を避けてみずから名乗り出ることはしていません。「胡皇」のご機嫌取りなどはまっぴらごめん、ということなのでしょう。

しかし、康熙帝はその後も朝鮮の詩文を見ることに固執し、ひとまず使臣一行の携行している書籍のなかから適当なものを選んで提出するようにと命令を下しています（癸巳二月初三日条）。

康熙帝のプレゼント

思いがけず、康熙帝から詩文の提出を命じられた朝鮮使臣一行は、すっかり慌ててしまいました。なにしろ道中日記の類には清朝の皇帝のことをあけすけに「胡皇」と呼びならわしているわけですから、万一にもそのような文章が清朝の手にわたってしまえば、いったいどのような問責を受けることになるか、わかったものではありません。

ひとまず、一行が携行している書籍のなかから極々無難な書籍――具体的には『唐律広選』と『陸宣公奏議』という、いずれも中国の著名な詩文集――を択んで提出し、一方、道中日記についても万一に備えて提出用の日記を急遽「改作」するという念の入れようです（癸巳二月初三日条)。

しかし康熙帝の意図は、純粋に文学的なものであったようです。使臣の提出した『唐律広選』や『陸宣公奏議』については「ここにもある」といって特に関心を示さず、むしろ朝鮮人の作品を提出してほしいと改めて要求します。そこで使臣一行は携行していた『国朝詩刪』という書物から適宜「詩」を抜き書きして再度提出することにしましたが、これらの書物は、いずれも道中における詩作の参考書として携行していたものなのでしょう。

朝鮮人の詩文を瞥見した康熙帝は、その質の高さに感心したため、……かどうかわかりませんが、さらに多くの作品を見たいと考えたようです。使臣に対しては帰国後に改めて詩文を提出するように命じるとともに、自身は『淵鑑類函』、『全唐詩』、『佩文韻府』、『古文淵鑑』の四作品を朝鮮に気前よくプレゼントしています(癸巳二月初七日条)。これらはいずれも康熙帝の肝いりで編纂された、康熙帝ご自慢の詞華集です。

康熙帝としては、中国文化の粋を朝鮮の使臣に見せつけたつもりなのでしょうが、朝鮮の人々もなかなか負けてはいません。康熙帝のプレゼントに早速目を通した金昌業は、たちどころにその内容を見定め、一応は出来栄えを評価しますが、それらすべてに序文を付した康熙帝に対しては、「才能をひけらかしすぎ」と、やや辛辣です(癸巳二月初七日条)。(39)

ともかく、康熙帝のたっての希望により、朝鮮では使臣たちの帰国後に朝鮮の代表的な詩文集を編纂し、これを康熙帝の御覧に呈することになりました。それが今日、別本『東文選』として知られている詞華集です。

別本『東文選』

別本『東文選』（朝鮮・粛宗三十九年、一七一三、撰進）の編纂の経緯については先学の詳しい考証もございますし、今日では影印本も刊行されておりますので、その解題に譲ることにします。[40]しかし、一点だけ確認しておかなければならないのは、それが康熙帝の御覧に呈するための詞華集であったということ、したがって清朝の忌避に触れるような文言は、あらかじめ周到に回避したうえで編纂されている、ということです。

それでもチェックに漏れがあったために、清朝への提出に際して使臣が旅先で訂正を要求するというドタバタも起こりました。たとえば、別本『東文選』巻十六、序に収録する任叔英の「統軍亭序」のなかに、「首を城池に延ばすに、曠望して華夷の会を括る（延首城池、曠望括華夷之会）」という一節があります。統軍亭は中朝国境の義州にある有名な展望台のことですが、そこから見渡す「華夷」とは、さてどちらが「華」で、どちらが「夷」だというのでしょうか？

万一言いがかりをつけられても面倒なので、清朝に提出する冊子については「華夷之会」を「遐邇之会」に改めたといいますが、[41]今日ソウル大学奎章閣から影印出版されている別本『東文選』では、はっきり「華夷之会」と印出されていますので、これは提出本に限っての改作です。

使臣の立場からいうと、下手なものを提出して万一清朝の忌避に触れた場合、そのまま抑留されて帰国できなくなる可能性もないわけではないので、それこそ命がけでチェックを繰り返していたのでしょう。一旦印出した冊子を送り出した後で、使臣がさらに訂正の要求をしてきたため、わざわざ訂正用の活字セットを送り付けて、旅先で訂正させたといいますから、おそらくは訂正箇所を切り取り、紙を接ぎ貼りしてスタンプ式に訂正した文字を捺印していたのでしょう。

この他にも、提出本については歴代国王の廟号を諡号や陵号に置き換えたり、「左袵」を「鱗介」に置き換えたりと、実に細かい改作が施されています。もちろん、それらは提出本に限っての改作ですが、それ以前に、清朝の忌避に触れる可能性のある作品は、そもそも編輯の対象から除外されているということを忘れてはなりません。

このため別本『東文選』は、朝鮮の人々の間では「胡皇」に見せるために作った詞華集として、内容が充実している割にはそれほど重視されませんでした。しかし、朝鮮前期の詞華集である『東文選』、『続東文選』に加えて、いわゆる士林派が擡頭した明宗朝、宣祖朝の文章をも加えた別本『東文選』の内容は、朝鮮の文化の粋を集めた詞華集として、今日、充分に鑑賞に価するものになっていることは間違いありません。

さて、康熙帝がこれを読んでどのような評価を下したものか、この方面の専門の方で、よくご存じのかたがいらっしゃいましたら、ぜひご教示をお願いします。

康熙帝の死

ついでに申しますと、この康熙帝が亡くなったとき、朝鮮の人々は今こそ清朝の滅亡の時と固唾を飲んで見守っていました。たとえば、嶺南の儒学者・権相一（一六七九～一七五九）という人は、自身の日記に次のように記しています。

> 聞くところでは、胡皇は先月十九《ママ》日に亡くなり、今月初二日に〔それを知らせる〕牌文が来着した。享年六十九歳、在位六十二年。英雄と言えよう。しかし死後に二十五子が跡目を争っており、国内が大いに乱れることは必至。これぞ胡の滅亡の運か。[42]

康熙帝は、本当は十一月十三日（旧暦）に亡くなったのですが、当初は情報が誤って伝わっていたようです。「国内が大いに乱れる」というのは、もちろん権相一の希望的観測にすぎません。しかし、それは当時の一般的な観測であり、中央では戸曹判書の李台佐（一六六〇～一七三九）などが、清朝の「寧古塔回帰説」――中原を失って山海関外に逃げ帰った満洲人が、モンゴルの圧迫を避けて朝鮮半島に逃げ込み、咸鏡道を経由して寧古塔に逃げ帰るかもしれないという議論――を、当時としては大真面目に展開しています(43)。

しかしその観測がまったくの的外れであったことは、皆さんよくご存じのとおりでした。

七　燕行使と漢籍

ここまで金昌業の尻を追って燕行使のあれこれについて述べてまいりましたが、最後にようやく本セミナーの主題である漢籍の購入についてお話することになります。前置きが長くなりすぎたために、肝心かなめの話をする時間がほとんど残っておりませんが、これは私の講演のいつものスタイルですので、どうかお許しを頂きたいと存じます。

漢籍の購入

使館貿易の項で言及したとおり、交易品のなかには「漢籍」が含まれていました。いや、知識人たちにとっては、そもそも「漢籍」を購入することこそが旅の大きな目的です。旅立ちにあたって、友人知人から「あの本がほしい」、「この本を買ってきてくれ」と、あれこれ依頼を受けることも多いので、入手できる限りはそれらを買ってこないというわけにはまいりません。

金昌業も、もちろん漢籍を購入して帰っていますが、そのタイトルは『老稼斎燕行日記』によると次のとおりです。

『朱子語類』、『異同条卞』、『漢書評林』、『杜工部集』、『剣南詩抄』、『本草綱目』、『農政全書』、奎壁『四書』・『五経』・『文選』。（巻一、往来総録）

ここには『大興県志』は見えませんが、これは公費購入本ですので彼の私物のリストには含まれていません。『異同条卞』とあるのは清・李沛霖の『四書朱子異同条辨』のことで、この本はそのタイトルどおり、四書の解釈について朱子の学説と同じもの、異なるものを逐条的に列挙して、それらを朱子学の立場から論評するといった内容の書物。この本は著者の民族思想が祟って後に清朝では禁書に指定されています。[44] その他はよく知られた通行本ばかりで、特に珍しい本があるというわけではありません（「奎壁」については後述）。しかし、それらをわざわざ買って帰っているのは、中国流行の最新のテキストを備えておきたい、ということなのでしょう。

もっとも金昌業は一随員にすぎませんので、さすがに漢籍を購入する資本にも限界がありま す。その点、彼のいとこの子である李宜顕（陶谷）の場合は、庚子年（景宗即位年、一七二〇）および壬子年（英祖八年、一七三二）に、いずれも正使として燕行していますので、さすがに漢籍の購入書リストも堂々としたものです。【別表1】をご覧ください。

【別表1】李宜顕所購冊子（『陶谷集』燕行雑識）

（庚子）
冊府元亀三百一巻
続文献通考一百巻
図書編七十八巻
荊川稗編六十巻
三才図会八十巻
通鑑直解二十四巻
名山蔵四十巻
楚辞八巻
漢魏六朝百名家集六十巻
全唐詩一百二十巻
唐詩正声六巻
唐詩直解十巻
唐詩選六巻
説唐詩十巻
銭註杜詩六巻
瀛奎律髄十巻
宋詩鈔三十二巻
元詩選三十六巻
明詩綜三十二巻
古文覚斯八巻
司馬温公集二十四巻
周濂渓集六巻
欧陽公集十五巻
東坡詩集十巻
秦淮海集六巻
楊亀山集九巻
朱韋斎集六巻
張南軒集二十巻
陸放翁集六十巻
楊鉄厓集四巻
何大復集八巻
王弇州集三十巻、続集三十六巻
徐文長集八巻
抱経斎集六巻
西湖志十二巻
盛京志六巻
通州志八巻
黄山志七巻
山海経四巻
四書人物考十五巻
黄眉故事十巻
白眉故事六巻
列朝詩集小伝十巻
万宝全書八巻
福寿全書十巻
発微通書十巻

壮元策十巻
彙草辨疑一巻
製錦編二巻
艶異編十二巻
国色天香十巻

（壬子）
宋史一百巻
紀事本末六十四巻
鳳洲綱鑑四十八巻
元史五十巻
太平広記四十巻
元文類、三国志並二十四巻
草廬集二十巻

西陂集十六巻
古今人物論十四巻
陸宣公集、宗忠簡集、許文穆集並六巻
高皇帝集五巻
朱批詩経、蚕尾集並四巻
岳武穆集三巻
羅昭諫集、万年暦並二巻

（應求者）
調元：志林
仲蘊：字彙
会一：奎壁書経・左伝、万年暦

洪致元：近思録
黄郎：奎壁礼記、四六初徴
金郎：四書大全
宋監役景孝：袖珍四書六経
金叔昌説：外科啓玄
金致謙：唐詩品彙、万年暦
金用謙：奎壁小学
族弟宜炳：奎壁四書
許続、張果：星宗
金台徳裕：朱子語類
安允中：奎壁詩経・易経
李景瑗：奎壁礼記

＊「巻」は「冊」の意。

このリストを見ると、最初にお話しした『名山蔵』が入っていることが目につきます。もちろん、李宜顕が持ち帰った本がすなわち人文研本である、というわけではないのですが、このころ『名山蔵』が朝鮮に普通に輸入されていたということはよくわかります。本来、史書は輸出禁止のはずですが、その禁令はほとんど空文となっていたわけです。ただし、これは明代の野史ですので、清朝ではその後、禁書に指定されています。(45)

その他、だいたいはまっとうな本が多いのですが、リストの後ろのほうには『艶異編』、『国色天香』などの稗官小説の類も混じっています。これらは道学先生らしからぬ書物ですが、それについては「序班輩の私献に係る」、つまり自分で購入したわけではない、と言い訳しているところがご愛敬です。道中の暇つぶしに贈られた本を、記念に取っておいただけ、といいたいのでしょう。

次に、友人・知人から頼まれた本を多く購入していますが、こちらは金昌業の購入リストと同様、ごく一般的な、悪くいえば当たり前の本が多いようです。まず、四書五経の類が目にとまりますが、頭に「奎壁」とあるのは、明末の金陵（南京）の書肆・奎壁斎の校刊本のことで、先に挙げた金昌業のリストのなかにもこの奎壁斎本が入っていますから、それだけ当時は流行していたことがよくわかります。研究所に奎壁斎の刊本はありませんが、それを重刻した蜀東善成堂の刊本がありますので参考として挙げておきましょう。【図6】をご覧ください。

封面には「正韻字体／奎壁礼記／善成堂梓行」とございますが、「正韻字体」というのは明の『洪武正韻』の字体のことを指すのでしょう。明末の奎壁斎の刊本が大変に流行したために、他の書肆までがそれに便乗して重刻本を刊行している、というわけです。

また、『唐詩品彙』というのは、日本でいえば『唐詩選』がよく読まれていたように、朝鮮では大変によく読まれていたアンソロジーで、研究所には朝鮮で重刻した朝鮮本（趙寧夏旧蔵）

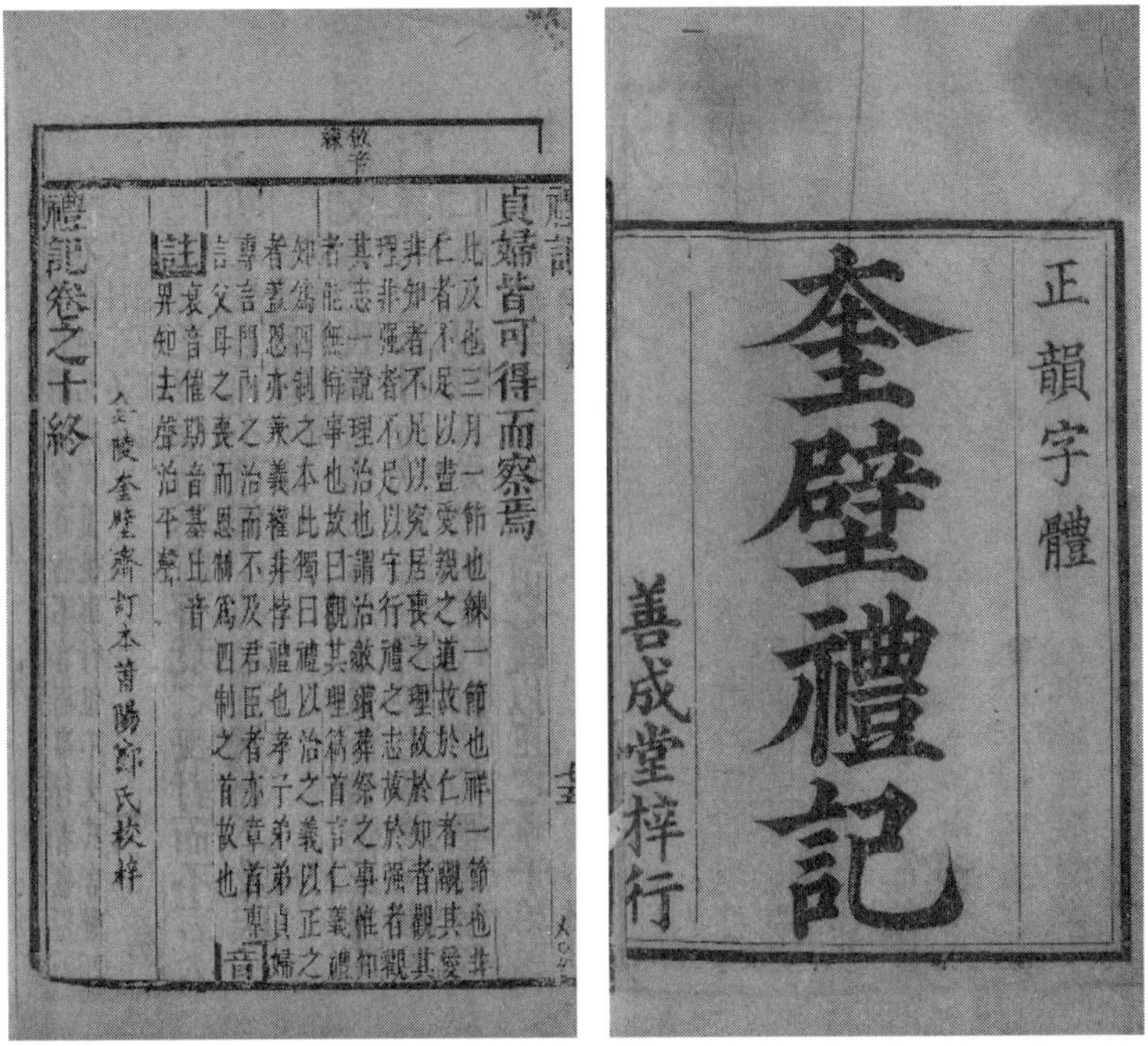

【図6】奎壁礼記

がございますので、それも参考として挙げておきます。【図7】をご覧ください。

この本については朴趾源の漢文小説「両班伝」のなかに、いわゆる両班の必読書として『古文真宝』と並んで挙げられています。また李徳懋の「入燕記」のなかにもこの『唐詩品彙』に関する記述がございますが、当時の漢籍輸入の実際を窺ううえで参考となりますので、ちょっと紹介しておくことにしましょう。

この書（『通志堂経解』）は刊行してから百年にもなるが、東方の人は漠然として〔その存在を〕知らない。毎年使臣が続々と往来しているが、荷車に積んで持ち帰ってくるのは、もっぱら演義小説や『八大家文抄』、

『唐詩品彙』などの書物ばかり。この二種（『八大家文抄』と『唐詩品彙』）は役に立つものではあるが、どの家にもある本で、また朝鮮でも刊行しているので、いまさら〔中国で〕購入する必要はない。中国でもこの二書は広く普及しているので、必ずしも珍貴なものではなく、値段も大変に安い。しかし、朝鮮の使者がやってきたときには必ず別に取っておいて、高値でもって売りつける。我が国の人々の見聞が狭くて愚かなさまは、おおむねこのとおりだ。（李徳懋「入燕記」、六月初二日条）(46)

彼は朝鮮の使臣たちが『通志堂経解』のような有用な書物にまったく関心をもたず、稗官小説の類や、ありふれた詩文集ばかり購入して、しかも中国の書肆にいいようにぼられているさまを、多少皮肉まじりに伝えてくれているのですが、この李徳懋のような先端的な学者――いわゆる「北学派」――はともかくとして、当時の一般の知識人たちが朝鮮でも普通に流通している本を、わざわざ中国で買って帰った心理は、私のような凡人にはよくわかります。

彼らは一生に一度の「燕行」という稀有の体験を果たした記念として、何かしら中国土産の家宝となるものを、自分の懐具合の許す範囲内で、なおかつ自分の読解可能な範囲内で購入したいと考えていたにちがいありません。そうした彼らの選択眼が、『八大家文抄』や『唐詩品彙』のような馴染み深い書物に向かってしまうのは、むしろ当然のことです。

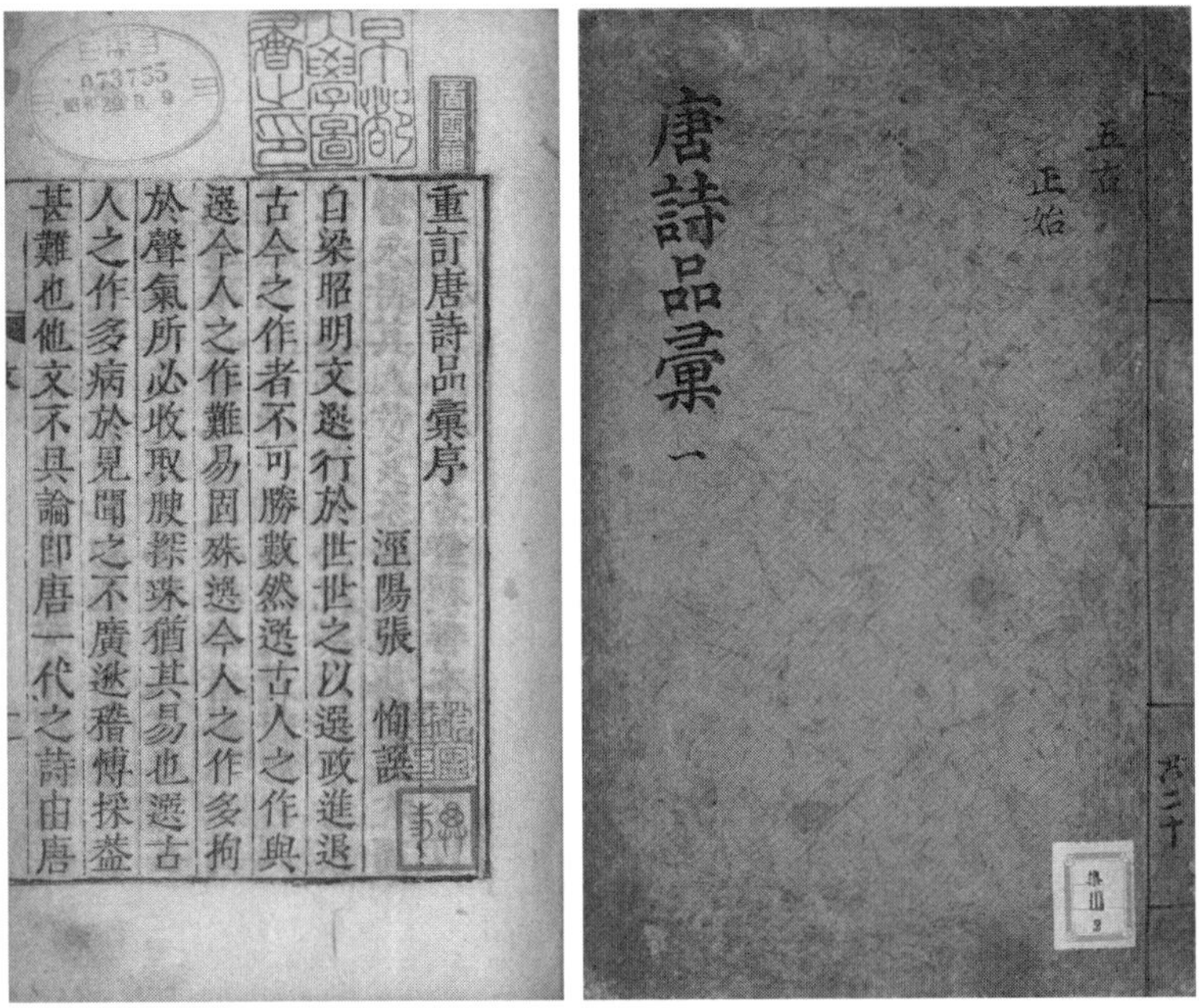

【図７】唐詩品彙（朝鮮本、趙寧夏旧蔵）

前掲の李宜顕の持ち渡り本、とりわけ友人たちから頼まれて購入した本のリストに、わりあいと平凡な本が多い理由も、要はそれらが中国土産の記念品、ないしは贈答品としての性格をもっていたから、ということになるのでしょう。

逆に、当時の最先端の学者はどのような本に目を付けていたのか？　この点については乾隆四十三年（朝鮮・正祖二年、一七七八）に李徳懋が琉璃廠で披見した書物のうち、「我国の稀有および絶無の者」をリストアップしていますので、これを【別表２】として挙げておくことにします。

当時としては最新の知識、であったはずですが、これも今日から見ると割合にまっとうな、むしろまっとうすぎて面白味に欠ける印象を、私などは受けてしまいます。皆様は如何でしょうか。

【別表2】李徳懋披見書（入燕記）

通鑑本末、文献続纂、協紀辨方、精華録、賦彙、欽定三神、中原文憲、講学録、皇華紀聞、自得園文鈔、史貫、傅平叔集、陸樹声集、太岳集、陶石簣集、升菴外集、徐節孝集、困勉録、池北偶談、博古図、重訂別裁、古文奇賞、西堂合集、帯経堂集、居易録、知新録、鉄網珊瑚、玉茗堂集、伝道録、高士奇集、温公集、唐宋文醇、経義考、古事苑、笠翁一家言、獪園、子史英華。
以上嵩秀堂。

程篁墩集、史料苑、〔范〕忠宣公集、欒城後集、図絵宝鑑、方輿紀要、儀礼節略、冊府元亀、独制詩、文体明辨、名媛詩鈔、鈐山堂集、義門読書記、王氏農書、山左詩鈔、墨池編。
以上文粋堂。

弇州別集、感旧集、路史、潜確類書、施愚山集、紀纂淵海、書影、青箱堂集、昭代典則、格致録、顧端公雑記、沈碻士集、通考紀要、由拳集、本草経疏、閒暑日鈔、倪元璐集、史懐、本草匯、曹月川集。
以上聖経堂。

寄園寄所寄、范石湖集、名臣奏議、月令輯要、遵生八牋、漁洋三十六種、知不足斎叢書、隷辨、益智録、幸魯盛典、内閣上諭、帝鑑図説、臣鑑録、左伝経世鈔、理学備考。
以上名盛堂。

王梅溪集、黄氏日鈔、食物本草、八旗通志、盛明百家詩、皇清百家詩、兵法全書、虞道園集、漁洋詩話、荊川武編、呂氏家塾読詩記、本草類方。
以上文盛堂。

音学五書、大説鈴、今詩篋衍集。
以上経腴堂。

安雅堂集、韓魏公集、呉草廬集、宛雅、詩持全集、榕村語録。

以上聚星堂。

堯峯文鈔、精華箋註、精華訓纂、漁隠叢話、観象玩占、纂書正、明文授読、香樹斎全集、七修類稿。

以上帯草堂。

頼古堂集、李二曲集。

以上郁文堂。

埤雅、許魯斎集、范文正公集、邵子湘集、闕里文献考、班馬異同。

以上文茂堂。

帝京景物略、群書集事淵海、三魚堂集、広群芳譜、林子三教、楊亀山集。

以上英華堂。

榕村集、名媛詩帰、觚賸、穆堂集。

以上文煥斎。

此外又有二三書肆。猥雑不足観也。

史書収買の禁

李徳懋の披見書リストにも史書（歴史書）が数多く含まれていますが、これまで折に触れて言及してきたとおり、これらは原則として輸出禁止となっていました。今日からみると何でもないような本でも当時はそれが「軍事情報」として扱われていたのです。そうして、そのことは『大明会典』（萬暦会典）にも明記されて、そのまま清朝の法典へと引き継がれていきます。[47]政府から公式に贈与される場合はともかく、市場で安易に歴史書を購入した場合、下手をすると密輸の現行犯として摘発される可能性もあったわけです。

たとえば、康熙九年（朝鮮顕宗十一年、一六七〇）、この年の冬至使閔鼎重の一行の梁廷燦という人が『資治通鑑』を買って帰ろうとして国境の柵門で摘発され、幸い恩赦の後であったために事なきを得ましたが、清朝の礼部からは朝鮮国王に対して叱責の咨文が送られています。(48)

また康熙十五年（朝鮮肅宗二年、一六七六）、朝鮮の使臣が北京で購入した明朝の野史（皇明十六朝紀）について、朝鮮の先王（仁祖）の悪口が書かれているとして記述の訂正を要求したことがありましたが、このときも清朝の礼部は史書の「盗買」の罪を問うて朝鮮国王に「罰銀五千両」の処分を加えることを提議しています。もっとも康熙帝のとりなしにより、朝鮮国王の罰銀は免除されましたのでご安心ください。(49)

同じく康熙三十年（朝鮮肅宗十七年、一六九一）には張燦という人が、道中の暇つぶしに『大明一統志』を購入して持ち帰ろうとしたところをやはり国境の柵門で摘発され、関係者が清の礼部から問責を受けています。(50)

このように状況次第では、いつでも「史書収買」の禁令が実際に適用される可能性はあったわけです。もっとも、旧中国の法律というのは運用次第ですので、要するに人情（心づけ）さえはずんでおけば出入国の際のチェックは容易にすり抜けることができたのでしょう。実際、『名山蔵』は中国から朝鮮に輸入され、最初に紹介したとおり金基大の架蔵に帰しているのですから、それが史書収買の禁の空文化をなにより雄弁に物語っています。

唐板輸入の禁

史書収買の禁は中国の側の禁令ですが、逆に、朝鮮のほうでも一時期、中国書の輸入を全面的に禁止したことがございました。これには正祖朝におけるキリスト教（天主教）の伝来が深くかかわっています。

キリスト教は「天主」のみを「父」として拝む教えで、儒教のように祖先神を祀ることを禁じておりますので、朝鮮王朝の立場からいえば「邪教」としか言いようがありません。ところが、この「邪教」がひそかに朝鮮社会に広まり、しかも知識人である南人の子弟たちにまで深く浸透している事実が発覚します。いわゆる「珍山の変」です。(51)

そこでキリスト教の信者に対する弾圧が始まるのですが、そのターゲットとなったのは主として南人の子弟ですので、これは形をかえた「党争」でもあったわけです。賢明な正祖はそれがわかっているものですから、キリスト教の弾圧についてはあまり積極的ではありません。むしろ正学、すなわち儒教を振興すればキリスト教などは自然と衰退していくという建前から、稗史・小説の類の流行を禁じて文体を正す、いわゆる文体矯正のキャンペーンを展開し、その一環として中国からの稗史・小説の類の輸入禁止、延いては唐板一般の輸入禁止を命じました。

そのときの正祖の言い分が随分と振るっています。

近来、士大夫の気風もだんだんと品下がり、文学の気風も日ごとに卑しくなっている。科挙の答案ひとつをとってみても、稗官小説の文体を皆が挙って模倣し、経書の素朴な味わいなど、もはや捨てて顧みないありさま。いたずらに文字面を飾るばかりで全く古文の風格を失い、せわしなく薄っぺらで、およそ士大夫の文章とは思われない。政治のあり方にもかかわる問題であるだけに、まったく嘆かわしい限りである。……もし抜本的な解決を図ろうとするのであれば、雑書を最初から輸入しないに越したことはあるまい。以前の使節団にもしばしば誡めてきたことではあるが、今回についてはますます厳しく取り締まり、稗官小説はもとよりのこと、経書や史書であっても、およそ唐板に係るものは、一切、持ち来たってはならない。……経書や史書は雑書とは異なるので、このように厳しく取り締まることは、すこし行き過ぎのようではあるが、そもそも我が国に流通している書籍は、もはや備わらないものがない。これさえ読んでいれば、すべての事を調べ、すべての文を書くことができる。ましてや、我が国の書籍は、紙も丈夫で長く閲読することができるし、字も大きくてだれでも読むことができる。どうしてわざわざ遠い異国までいって、薄っぺらで小さく、字も細々とした唐板を購入する必要があろうか。唐板は寝転がって読む分には確かに便利であるが、そもそも寝転がって読むなど、どうして聖人の文を読む態度といえるだろうか。(52)

なるほど、朝鮮の本は大型で紙も丈夫な立派な本が多いのですが、その多くは中央・地方の政府のお金で出版した官版ですから、中国の民間の書肆が出版した薄っぺらい竹紙の本よりも立派であることは当然です。それはともかく、キリスト教の弾圧が南人一般の弾圧へと広がることを嫌った正祖は、問題を文体矯正にすり替えて稗官小説の類の輸入を禁止しようとするのですが、その際、「我が国に流通している書籍は、もはや備わらないものがない」という自負心から、ついには「唐板」そのものの輸入をも全面的に禁止するに至ったわけです。

禁令の解除

もちろん、この禁令は当時の複雑な政局を反映した、多分に政治的な意味合いの強い禁令ですから、これで世間一般の唐板に対する需要を完全に消し去ることはできませんでした。その証拠に、正祖の息子の純祖七年（一八〇七）に入ると「稗官小説・異端」を除いて「経史子集」の唐板の輸入は正式に再開されています。[53] もちろん「稗官小説」の類はダメ、というのが建前ですが、やはり娯楽の少ない当時のこと。「経史子集」のお堅い漢籍を隠れ蓑として、稗官小説の類もついでに購入して帰ろうとする人々の欲求は、決して途絶えることはなかったでしょう。

おわりに

正祖朝における唐板輸入の禁は一時的なもので、純祖朝に入ると次第に緩和ないし解除されていきました。しかし一時的にもせよ、このような禁令が実際に施行されていたということは、朝鮮社会における正学（朱子学）に対する強い志向性を示す事柄として、やはり見過ごすことはできないようです。

純祖元年（一八〇一）、奎章閣（内閣）ではライブラリアン（検書官）の柳得恭（一七四九～?）を朝貢使節（謝恩使）の一員に加え、彼に「朱子善本」の購入を命じています。柳得恭は『四庫全書簡明目録』の解題などを手掛かりとして、また以前から面識のあった清朝の大儒・紀昀（一七二四～一八〇五）から直接に示教を受けつつ朱子書の購入に努めますが、なかなか善本を入手することができませんでした。その間の事情は、柳得恭と紀昀との対話を直接に引用したほうがわかりよいでしょう。

柳――私は朱子書を購入するために来ました。〔購入したいのは〕大体、『語類（朱子語類）』や『類編（明・張九韶・理学類編）』などの本ですが、この外、『読書記（宋・真徳秀・西山読書記）』

は、簡明書目（四庫全書簡明目録）には記載されていますが、これは見ることができるでしょうか。

紀――これらはみな通行本ですが、近ごろの流行りは爾雅・説文の一派に向っているので、これらの書物は民間の書肆では久しく手に入らなくなっています。貴副使のために、四か所で人に頼んで購入させていますので、だいたいは入手できることでしょう。

柳――『白田雑著（清・王懋竑撰）』なども入手できるでしょうか。

紀――この本は貧乏学者（寒家）の著作ですので、一部は〔私が献呈して〕官庫（四庫全書館）に入れましたが、その後は入手できていません。幸い、王懋竑には文集があり、この本もその文集の中に収録されていますので、これも人に頼んで鎮江府の方で印刷させています。

……これらは多くは南方にあるので、容易には入手できません。頼んだ人も、急ぎの注文ではないのでゆっくり求めればよいと考えて、それで等閑《なおざり》にして今に至ってしまいましたが、前日リストアップして友人たちに催促の手紙を出したところです。大抵、あることは必ずあるのですが、注文してすぐに手に入る、というわけにはいかないのです。（『燕臺再遊録』(54)）

引用文中に「貴副使」とあるのは、このときの燕行副使・申献朝のことではなく、随員である柳得恭のことを尊んで貴副使と呼んでいるのでしょう。それはともかく紀昀に言わせると、朱子書は当時の流行から外れているので、ごく当たり前の通行本であってもこのころ北京では簡単には手に入らなかったようです。しかも江南で手配するという紀昀の口約束は結局空手形に終わってしまったようで、そのことを柳得恭は次のように歎いています。

今回の燕行は朱子書を購入するためのものであるが、書肆には善本がなかった。紀公（紀昀）が江南で訪求してくれたが、やはり入手できなかった。紀公のいう「近ごろの流行りは爾雅・説文の一派に向っている」というのは、今時の流行を指しているようだが、実のところ、漢学・宋学・考古家・講学家などの標目は、必ずや曉嵐（紀昀）が唱え始めたものにちがいない。〔そのことは〕『簡明書目（四庫全書簡明目録）』の論断を見れば分かる。たくさんの南方の知識人たちに出会ったが、彼らの研究対象は「六書」であり、尊敬する学者は鄭康成（鄭玄）であり、お互いに褒め合うときは、通儒といい、通人という。程朱の書が講じられなくなって、随分と久しいようだ。中国の学術がこのような有り様とは、まことに嘆かわしいばかりだ。（同右）(55)

柳得恭といえば、朝鮮における近代学知の先駆けとして著名な、いわゆる「北学派」の一人で、なるほど彼らは清朝（満洲）に対する偏見から解放された、当時としては比較的柔軟な思考の持ち主であったことはたしかでしょう。しかし、その柳得恭にして当時の清朝の学術——いわゆる「漢学」——に対する評価は、右のような極めて「オーソドックス」なものにとどまっていました。

彼らが漢籍の購入に当たって基準としたものは、やはり「朱子学」の正統的な価値観であり、その価値観の枠を越えることはできなかったようです。そうして稗官小説の類は、そもそも士大夫の価値観から見てまったく取るに足らないものであり、だからこそ暇つぶしにそれらを享受することは、逆の意味で黙認されていたということもいえます。

稗官小説の類は、いわば読み捨ての雑誌と同じようなものですから、そもそもそれらが蔵書の一部として伝承されることは想定されていません。逆に、正統的な価値観に裏づけられた朱子書の類は、朝鮮士大夫における蔵書の主軸を形成していますが、これらは今日的な価値観からすると、あまりにも当たり前すぎて、かえって人々の興味を引かないようです。

近年、韓国においても「漢籍目録」の整備が進んで、朝鮮半島に輸入された唐本の全容、またその唐本を復刻した「朝鮮本漢籍」の全容もしだいに明らかになりつつあります。その点、私は詳しく研究しているわけではありませんが、目録の類を一瞥した限りの印象では、特段の珍本は見当たりません。やはり「朱子学」という正統思考の枠組みが、知識人による選書そのものを強く規定していた結果である、ということが言えるのではないでしょうか。

もちろん、朝鮮半島における「漢籍輸入の文化史」というのは大変重要なテーマですので、軽々に結論を下すことは差し控えなければなりませんが、少なくともそこには政治的、経済的、また思想史的な意味においてさまざまな制約があり、必ずしも今日のように多様な書物が国境を越えて自由に流通していたわけではない、ということだけは確実です。

長々とお話ししたわりには、ごくごく平凡な結論しか申し上げることができず、大変恐縮ではございますが、以上で『老稼斎燕行日記』に対する私の読書レポートは終わりとします。次は皆様がお読みください。

注

（1）『魏建功文集』（二〇〇一年、南京、江蘇教育出版社）。
（2）韓国学中央研究院「韓国歴代人物総合情報システム（http://people.aks.ac.kr/）」。
（3）桑野栄治『朝鮮前期の対明外交交渉に関する基礎的研究』（科学研究費補助金研究成果報告書、二〇一〇年）。
（4）『仁祖実録』巻四十六、仁祖二十三年（清順治元年、一六四四）二月辛未条。
（5）容斎・李荇の「朝天録」（『容斎先生集』所収）、白沙・李恒福の「朝天録」（『白沙先生別集』所収）、月沙・李廷亀の「朝天録」（『月沙先生集』所収）は、いずれも紀行詩。重峰・趙憲の「朝天日記」（『重峰先生文集』所収）は紀行文。
（6）『燕轅直指』（朝鮮・金景善撰）序　適燕者、多紀其行、而三家最著。稼斎金氏、湛軒洪氏、燕巌朴氏也。

（7）『朝鮮群書体系』続々七輯、稼斎燕行録（一九一四年、京城、朝鮮古書刊行会）。

（8）韓国古典総合データベース（http://db.itkc.or.kr/）。

（9）夫馬進『朝鮮燕行使と朝鮮通信使』（二〇一五年、名古屋、名古屋大学出版会）。

（10）おおさかeコレクション（https://www.library.pref.osaka.jp/site/oec/）。

（11）『玉吾斎集』巻二、詩に「星槎録」八十五首を収めるが、紀行文は未見。

（12）『月沙集』巻三十八、遊千山記、遊角山寺記、遊医巫閭山記。

（13）『老稼斎燕行日記』巻三、壬辰十二月二十三日条　過高麗堡。村前有水田数十畝。渡江後初見也。伝言、旧有我国人居此地、故以高麗名村。水田亦其所為云。但此不知何時事也。

『燕轅直指』巻二、高麗堡記　世伝、丁丑我人之被擄者、居此、自作一村、堡以此名。村前有水田数十畝、蓋渡江後初見、而果如我国之制。且其餅飴之属、猶伝本国様。

（14）『陶谷集』巻二十九、雑識、燕行雑識、庚子燕行雑識［上］。来時、金叔大有謂余曰、「薊州西数十里有山、名盤山、甚奇崛。『一統志』称盤龍山。曾往燕京時、閭嶽・千山、皆能遍踏。此山最邇、而不免蹉過、至今有遺恨。」仍勧余探歴。（*金昌業、字大有）

（15）『通文館志』巻三、事大、入京条、および『欽定日下旧聞考』巻六十三、官署、四夷館条。

（16）『燕轅直指』巻二、玉河館記。

（17）『北京籠城・北京籠城日記』柴五郎・服部宇之吉著、大山梓編（一九六五年、東京、平凡社東洋文庫）。

『北京燃ゆ——義和団事変とモリソン』ウッドハウス暎子著（一九八九年、東京、東洋経済新報社）。

（18）『通文館志』巻三、事大。表咨文呈納、鴻臚寺演儀、朝参、方物歳幣呈納の各条。

（19）『続文献通考』（明・王圻撰）巻三十三、外夷常貢物　朝鮮　金銀器皿、各色紵布、白細花蓆、人参、豹皮、獺皮、黄毛筆、白綿紙。

(20)『通文館志』巻三、事大。頒賞、齎回数目の各条。
(21)『通文館志』巻三、事大。留館日子条。
(22)畑地正憲「清朝と李氏朝鮮との朝貢貿易について——特に鄭商の盛衰をめぐって」(『東洋学報』第六十二巻第三・四号、一九八一年)
(23)『萬機要覧』財用篇五、柵門後市条。畑地正憲「清代の輸送業者『攬頭』について——李朝朝貢団の貨物輸送をめぐって」(『山口大学文学会志』第三十八巻、一九八七年)。
(24)『通文館志』巻三、事大、八包定数。
(25)田代和生『近世日朝通交貿易史の研究』(一九八一年、東京、創文社)。同『日朝交易と対馬藩』(二〇〇七年、東京、創文社)、同『新・倭館——鎖国時代の日本人町』二〇一一年、東京、ゆまに書房)。
(26)『容斎先生集』巻四、朝天録、大熱 皇朝法網日縝密、客館塊然等幽圄。
(27)『稗官雑記』(朝鮮・魚叔権撰)巻一。
(28)山口正之『朝鮮西教史』(一九六七年、東京、雄山閣)。
(29)『魯西遺稿』(朝鮮・尹宣挙撰)別集、擬答宋英甫(己酉) 噫。今天下左衽、而吾東独不剃髪、此則斥和諸人之功也。大義晦塞、而吾東独扶一脈、此則今日士林之力也。
(30)『農巌集』(朝鮮・金昌協撰)巻二十二、序、贈黄敬之欽赴燕序 今天下復為左衽、久矣。我東僻在一隅、独不改衣冠礼楽之旧、遂儼然以小中華自居。
(31)問、「你們与韃子結親否。」答、「夷狄之人、怎麽合我們中国結親。」問、「我高麗、亦是東夷。你看俺們、亦与韃子一様麽。」答、「貴国乃上等之人、韃子乃下流之人、怎麽一様。」
(32)問、「你知中国与夷狄有異者、聴誰説。」答、「在書、孔子之言、吾其披髪左衽矣。」問、「韃子剃頭、你們亦剃頭。有何分別中国・夷狄。」答、「雖我們剃頭有礼、韃子剃頭無礼。」
(33)余曰、「説得有理。你年少、能知夷狄中国有別、可貴可悲。高麗雖曰東夷、衣冠文物、皆倣中国、故有小中華之称矣。今此問答、泄則不好。宜秘之。」夜深罷。余以清人為㺚子、而奇謨認以蒙古、故其答如此。

（34）『漢書』巻九十四下、匈奴伝、賛　至孝宣之世、承武帝奮撃之威、直匈奴百年之運、因其壊乱幾亡之阸、権時施宜、覆以威徳、然後単于稽首臣服、遣子入侍、三世称藩、賓於漢庭。

（35）『通鑑綱目』巻六、漢宣帝・甘露三年春正月条、註　（劉友益「書法」）匈奴自秦始皇三十二年、始見於綱目。漢文帝三年、始書「単于至」。宣帝五鳳四年、始書「称臣」。今年始書「来朝」。於是百六十五年矣。信哉、無百年之運也。自是終西漢之世、書「単于来朝」四。是年、黄龍元年、元帝竟寧元年、哀帝元寿二年。

（36）『皇明詔令』巻一、太祖高皇帝上、諭中原檄　古云、胡虜無百年之運。験之今日、信乎不謬。

（37）幣原坦『朝鮮史話』（一九二四、東京、冨山房）、第十七話、孝宗が清を伐つ企を起した事情。

（38）『欽定日下旧聞考』巻七十六、国朝苑囿、暢春園。

（39）第其為人、明秀有餘、渾厚不足。才多故好自用。量狭故喜自矜。雖以今番事観之、頒書於我国、以示序文与題目、所以矜文翰也。召我国人試射、又親射而鳴鼓、所以伐武藝也。似此挙措、近乎誇張。

（40）藤田亮策「新纂東文選について」（『朝鮮学論考』所収、一九六三年、奈良、藤田先生記念事業会）。『別本　東文選』（奎章閣資料叢書文学篇、一九九八年、ソウル大学校奎章閣）。

（41）『備辺司謄録』第六十六冊、粛宗三十九年十二月条。

（42）『清臺日記』（朝鮮・権相一撰）景宗二年（一七二二）十二月十三日条。（＊康熙帝は康熙六十一年（一七二二）十一月十三日に薨去。享年六十九歳。）

（43）『景宗実録』巻十、景宗二年十二月壬子朔条。

（44）『四庫禁燬書叢刊』経部所収（王鍾翰等輯、影印本、一九九八年、北京出版社）。

（45）『四庫禁燬書叢刊』史部所収（王鍾翰等輯、影印本、一九九八年、北京出版社）。

(46) 此書刊行已百年、而東方人漠然不知。毎年使臣、冠蓋絡繹、而其所車輸東来者、只演義小説、及『八大家文抄』、『唐詩品彙』等書。此二種、雖曰実用、然家家有之、亦有本国刊行、則不必更購。中国則此二書亦広布、不必珍貴、価亦甚低。但朝鮮使来時、必別為儲置、以高価売之。東人之孤陋、類如是。

(47) 『(萬暦)大明会典』巻一百八、礼部六十六、朝貢通例　凡交通禁令。各処夷人、朝貢領賞之後、許於会同館開市三日或五日。惟朝鮮・琉球、不拘期限、倶主客司出給告示、於館門首張掛、禁戢収買史書及玄黄紫皀大花西番蓮段疋、并一応違禁器物。

(＊王圻『続文献通考』巻三十三、土貢考、に同文記事)

『大清律例』巻二十、私出外境及違禁下海、条例　一、凡外国差使臣人等、朝貢到京、与軍民人等交易、止許光素紵絲絹布衣服等件、不許買黄紫黒皀大花西番蓮緞疋、並不得収買史書、及一応違禁軍器・硝黄・牛角・銅鉄等物。如有将違禁貨物、図利売与進貢外国者、為首依私将応禁軍器出境、因而走泄事情律、斬監候、為従発近辺充軍。

(48) 『同文彙考』原編、巻六十四、犯禁、礼部知会節行下役犯買『通鑑』交該国審奏咨。

(49) 『同文彙考』原編、巻三十三、陳奏、礼部知会寛免罰銀咨。

(50) 『通文館志』巻九、紀年、粛宗十七年条。

(51) 山口正之『朝鮮西教史』(一九六七年、東京、雄山閣)。

(52) 『正祖実録』巻三十六、正祖十六年十月甲申条　近来士趨漸下、文風日卑。雖以功令文字観之、稗官小品之体、人皆倣用、経伝菽粟之味、便帰弁髦。浮浅奇刻、全無古人之体、噍殺軽薄、不似治世之声。有関世道、実非細憂。以予矯捄之苦心至意、至有発策之挙。而若徒説其弊、而未責実效、則亦何益哉。如欲抜本而塞源、則莫如雑書之初不購来。前此使行、固已屢飭。而今行則益加厳飭。稗官小記姑無論、雖経書・史記、凡係唐板者、切勿持来。還渡江時、一一捜験、雖軍官訳員輩、如有帯来者、使即属公于校館、俾無広布之弊。経史則異於雑書、如是厳禁、雖似過矣。而我国所存、咸備無闕。誦此読此、何事不稽、何文不為。況我国書冊、紙靭而可以久閲、字大而便於常目。何必遠求薄小纖細之唐板乎。此不過便於臥看、必取於此、而所謂臥看、亦豈尊聖言之義乎。

（53）『純祖実録』巻十、純祖七年十月丁酉条。

（54）余曰、「生為購朱子書而来。大約語類、類編等帙。外此、如読書記、載在簡明書目、此来可見否。」暁嵐曰、「此皆通行之書、而邇来風気、趨爾雅・説文一派。此等書、遂為坊間所無、久。為貴副使、四処託人購之、畧有着落矣。」余曰、「如『白田雑著』、可得否。」暁嵐曰、「此本寒家之本、一入官庫、遂不可得。幸王懋竑有文集。此書刻入其集中、亦託人向鎮江府刷印也。」又曰、「此数書多在南方、故求之不易。受託之人、又以為不急之物、可以緩求。故悠忽遂至今也。前者、已標以催諸友。大抵有則必有、但不能一呼立応耳。」

（55）此行為購朱子書。書肆中、既未見善本。紀公曾求諸江南云、而亦無所得。紀公所云、「邇来風気、趨爾雅・説文一派」者、似指時流、而其実漢学・宋学・考古家・講学家等標目、未必非自暁嵐倡之也。見簡明書目論断、可知也。多見南方諸子、所究心者六書、所尊慕者鄭康成、相誉必曰通儒、曰通人。程朱之書不講、似已久矣。中国学術之如此、良可嘆也。

図版説明

【図1】名山蔵（蔵書印）
【図2】名山蔵（書き入れ）
【図3】安東金氏世系図
【図4】中原進貢路程
【図5】北京地図（光緒三四年、一九〇八）

【図6】奎壁礼記
【図7】唐詩品彙（朝鮮本、趙寧夏旧蔵）

モンゴル時代の“書物の道”

宮　紀子

1．東西交流の中継点——亦集乃《イスィナ》

中国内蒙古自治区の黒城《カラ・ホト》は、モンゴル高原と青海・雲南・東南アジアを南北に結び、中国と中央アジア・キプチャク草原・中東・ヨーロッパを東西に繋ぐ大道が交差する要衝の地である。軍事拠点として重要な役割を果たしたばかりでなく、諸国の外交使節団や隊商が絶えず行き交い、人種・モノ・情報の坩堝となっていた。西夏、それにつづく13-14世紀のいわゆるモンゴル時代には、Yisina 亦集乃と呼ばれ、かのマルコ・ポーロの *Il Milione*『百万の書』でも言及された。明代以降、砂塵に埋もれて廃墟となっていたが、20世紀にはいって、ロシアのコズロフやイギリスのスタインの探検隊、内蒙古自治区の文物考古研究所などが数度に亙って発掘・調査した。その結果、青磁や青花の破片、絵画や版画などの美術品のほか、“塩引”と呼ばれる一種の為替手形や“鈔”と呼ばれる小額紙幣、政府専売品のひとつである茶葉の包装紙、官庁が発給した文書や租税の出納帳簿、官僚・胥吏・官立学校の子供たちが読んだり書き写したりしたさまざまな中国の古典の残葉が大量に出土し、当時の軍事や行政の動き、人々の生活の一端が明らかになりつつある。

文書や典籍には、ウイグル文字・phags-pa 八思巴《パスパ》／パクパ文字・アラビア文字・西夏文字で記されたものも少なくなく、時にはそれらと対応する漢語の翻訳もそのまま残っており、イスィナがテュルク語・モンゴル語・ペルシア語・西夏語・漢語などの会話が飛び交

う“多言語の世界”であったこと、確認できる。モンゴル語と漢語の対訳語彙集のきわめて小さな断片（内蒙古文物考古研究所蔵 M1・1228）も見つかっている。大元大蒙古国《ダイオンイェケモンゴルウルス》に於いて何度も刊行された挿絵入りの類書（百科事典）『事林広記』に収録される蒙漢辞書―「至元訳語」・「蒙古《モンゴル》訳語」と同様、漢語の話者にとって、站<mon.ǰamにおける接待業務の際に必要不可欠なものであった（明・清の外交機関で編纂・使用された一連の教科書『華夷訳語』は、これらを踏襲したものに過ぎない）。いっぽう、モンゴル貴族やウイグル人の子弟も、パクパ文字モンゴル語と口語漢語の傍訳からなる刊本（天理大学附属図書館蔵）やモンゴル語を口語漢語で逐語訳した文体の『孝経直解』（M1・1249, M1.1259. ウイグル貴族の高官で散曲作家としても名高いセヴィンチュ・カヤ貫雲石がご進講の教科書として著した）などを通して、中国の古典を読み学んでいた。

イスィナから出土した13–14世紀の漢籍（刊本・抄本）の断片には、『直音傍訓尚書句解』（M1・1258）、『孟子集註』（M1・1243）、『孟子旁註』／『孟子旁解』（M1・1256）、『標題音訓直解文公小学書』（M1・1239）、『図像合璧句解君臣故事』（M1・1296, M1・1298）、『資治通鑑』（M・1240, 1255）、『通鑑綱目』（M1・1266）、『文献通考』（M2・0001–0056）、『大元通制』（M1・0530–0531）、『至正条格』（M1・0532–0539）、『折獄亀鑑』（M1・1267）、『宋提刑洗寃集録』（M1・0541）、『孫真人備急千金方』（St.Peterburg 蔵 TK166 宋刊本、大英図書館蔵 Or.8212/731）／『重刊孫真人備急千金要方』（M1・1269）、『重校正地理新書』（M1・1280, M1・

1309)、『火珠林』(TK293, TK322)、『大易断例卜筮元亀』(M1・1293-1295, M1・1301-1302)、『新刊増広百家補註唐柳先生文集』(M1・1244)、『千家詩』(M1・1230-1234)、『薛仁貴征遼事跡』(M1・1261-1262) などがある【図1－4】。

刊本については、全国各地の官庁・官学に頒布・保管される大字本、常備・携帯に便利で商品として流通していた小字本、両方の形態が見つかっている。前者は、公費を惜しみなく投入して、名筆家に版下を作成させ、学者が念入りに校正し、腕のよい刻工を雇うので、ひじょうな美本となる。モンゴル諸王や高官たちへの贈答品にも用いられた（制度上は、個人で買えなくもないが、場所もお金も相当に喰う。だからこそ一般人は公的機関の“図書館”で閲覧・確認し、せっせと筆写することになる)。紙は丈夫な麻や桑・楮の大判、半葉でA3に近いテキスト（ペルシア語やアラビア語の古写本に用いられるバグダード紙と同じ）もあり、字数は計算しやすい10行×20字が多い。江南で製作された歴代正史、『農桑輯要』(上海図書館蔵　9行×15字)、『(大徳重校) 聖済総録』(中国国家図書館蔵　8行×17字) 等がその典型である。後者は、軽くて薄い竹紙、大体半葉に13×24字以上の字数を詰め込む。南宋以来書肆が林立していた福建の建安で刊行されたものが多く伝来するが、(こんにちの文部科学省科学研究費の学術出版助成金の制度にも似て) 官民共同で製作される場合も多かった。先述の『事林広記』をはじめとする類書や、科挙対策の参考書は、大体この形式が用いられる。

じつは、これらの断片のうち、小字本に由来するいくつかは、日

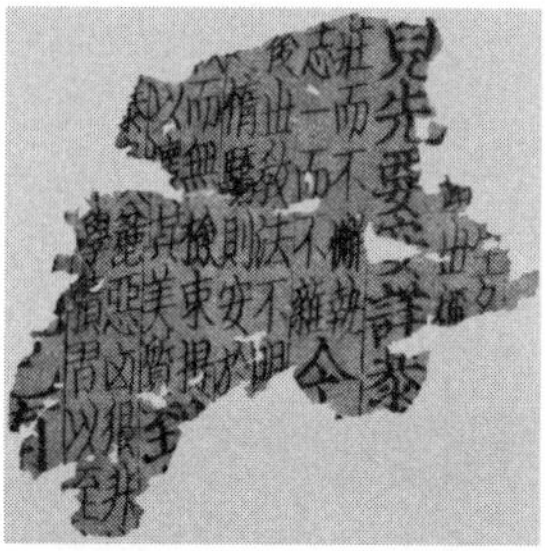

M1・1239[F89:W2]
7cm×7cm

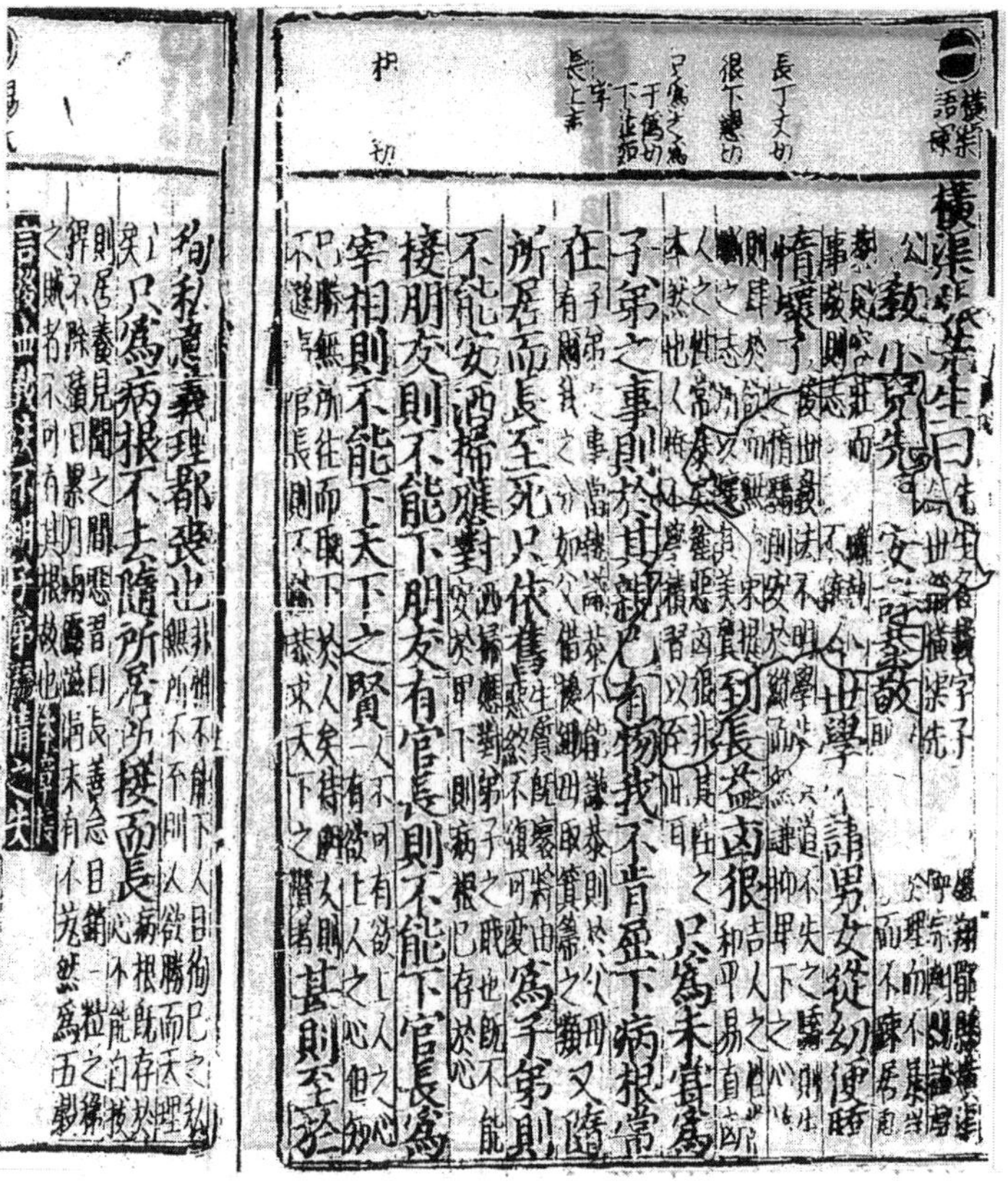

【図１】カラ・ホト出土文献と『標題音訓直解文公小学書』巻三 1b-2a（前田尊経閣文庫蔵　元刊本）

M1・1269[F14:W8]　　16.6cm×6.7cm

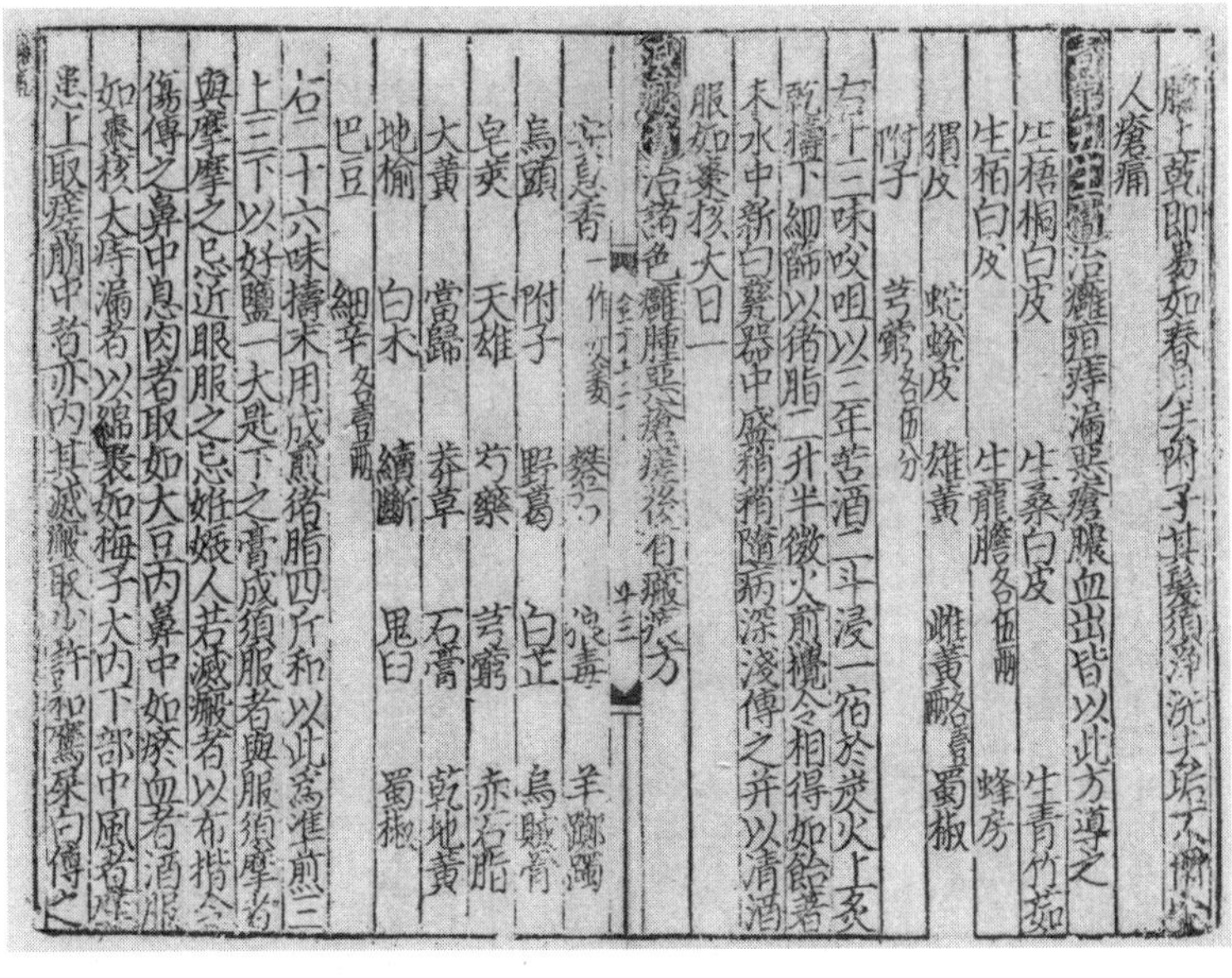

【図２】カラ・ホト出土文献と『重刊孫真人備急千金要方』巻二十二 23葉（中国国家図書館蔵　元刊本）

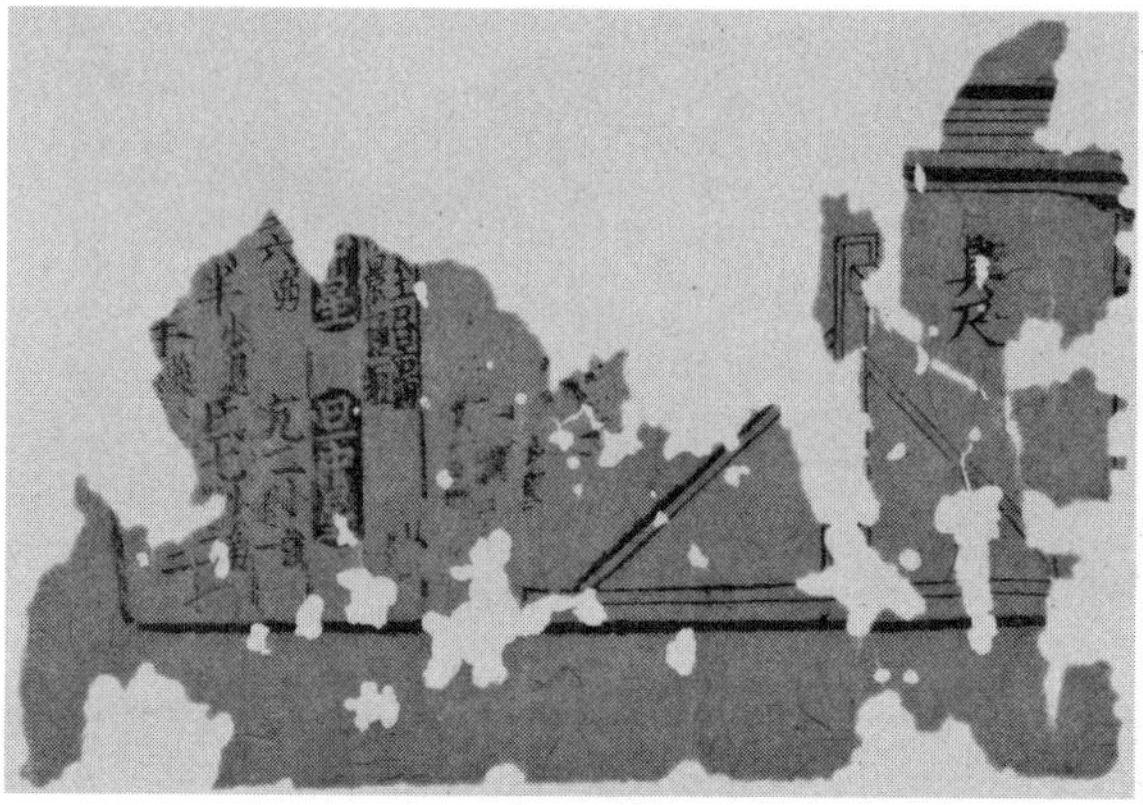

M1・1280［F14:W10］ 14.4cm×9.9cm

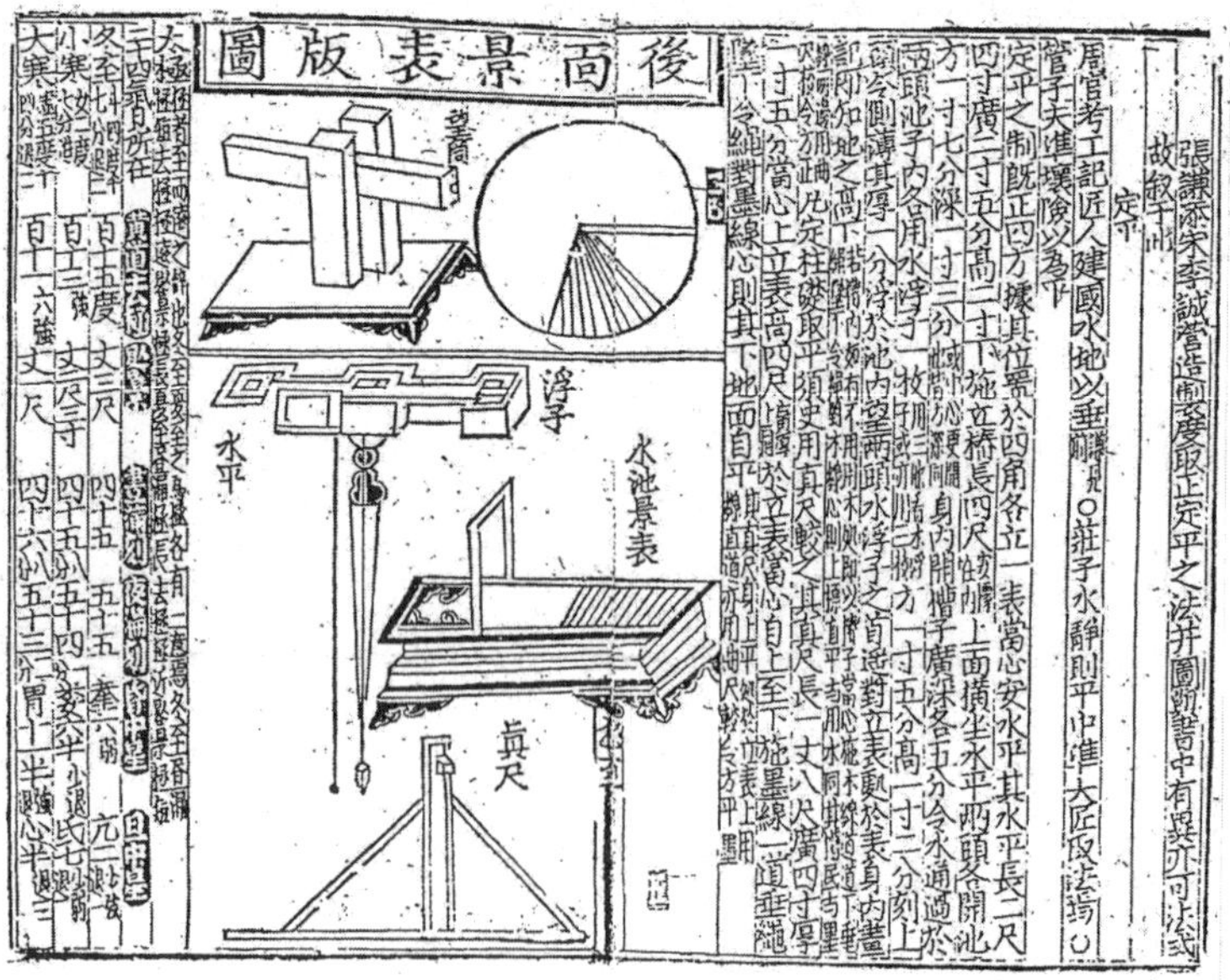

【図３】カラ・ホト出土文献と『重校正地理新書』巻一 ５葉（中国国家図書館蔵元刊本）

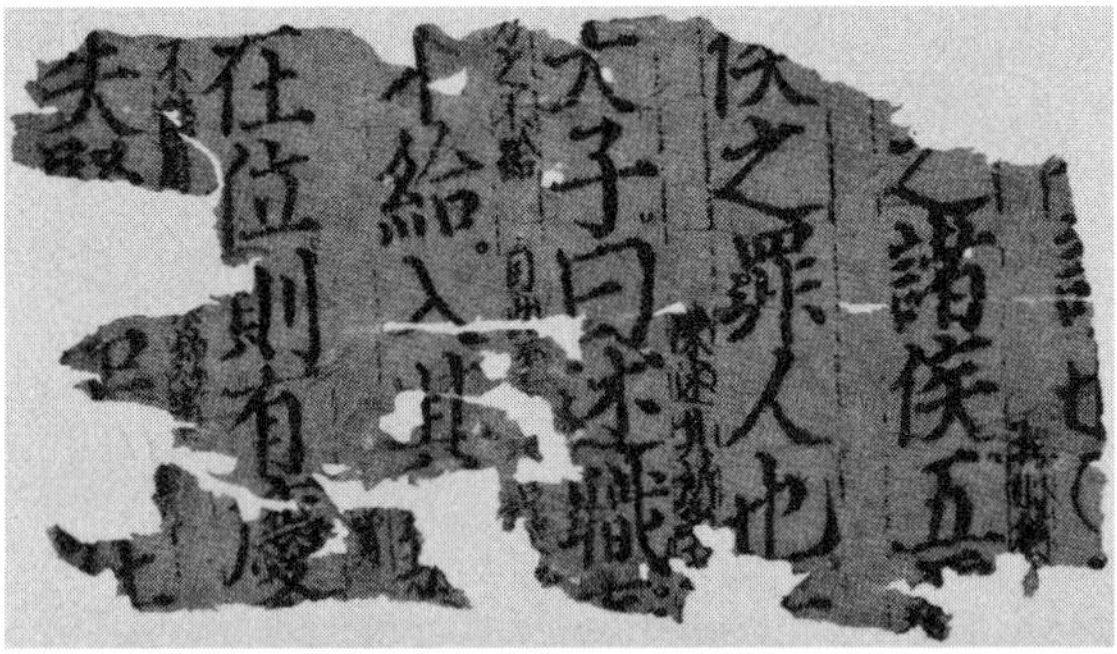

M1・1256
[F197:W2]
6cm×11cm

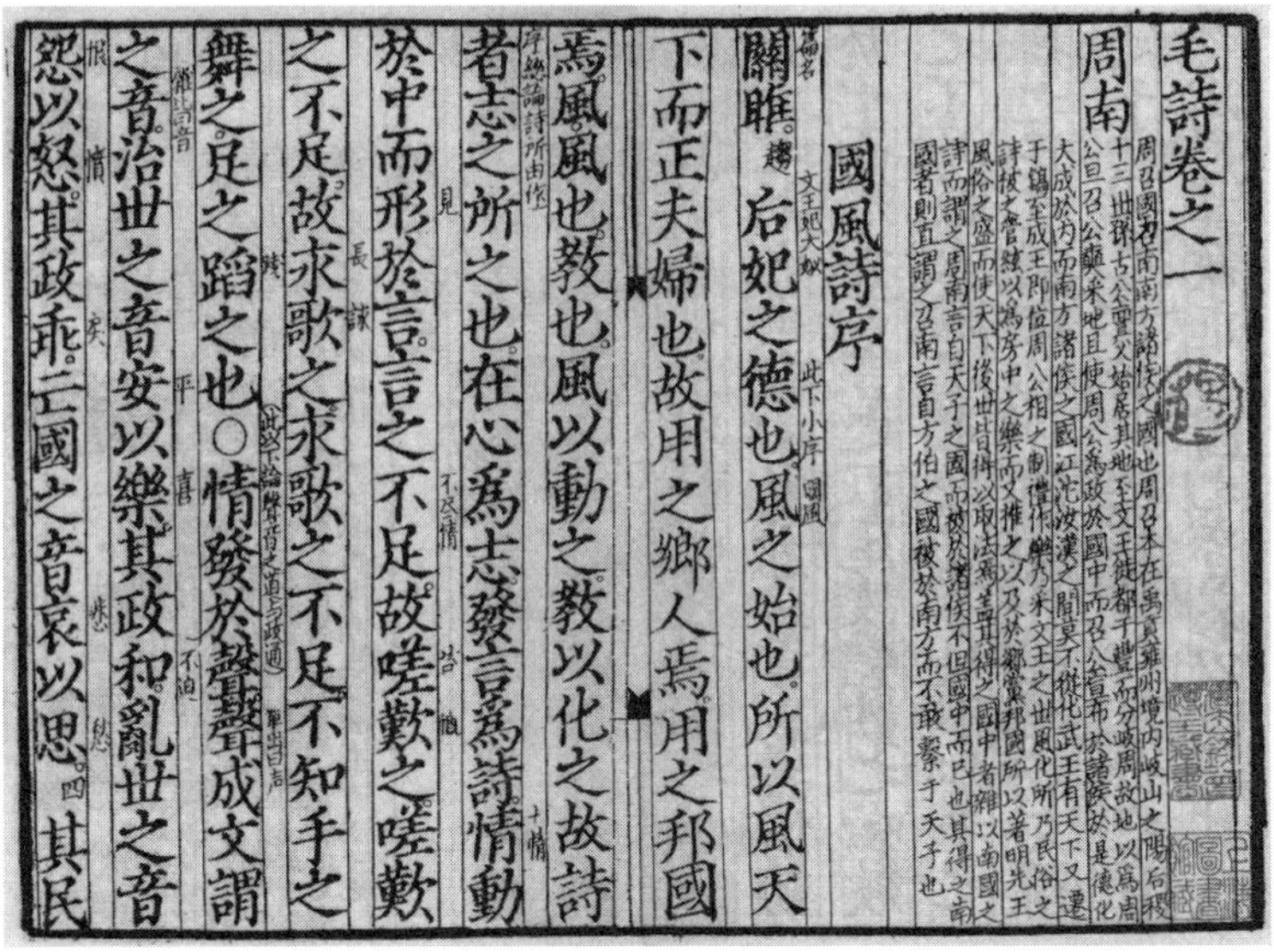
毛詩卷之一
周南
國風詩序
關雎后妃之德也風之始也所以風天
下而正夫婦也故用之鄉人焉用之邦國
焉風風也教也風以動之教以化之故詩
者志之所之也在心爲志發言爲詩情動
於中而形於言言之不足故嗟歎之嗟歎
之不足故永歌之永歌之不足不知手之
舞之足之蹈之也○情發於聲聲成文謂
之音治世之音安以樂其政和亂世之音
怨以怒其政乖亡國之音哀以思其民

【図４】カラ・ホト出土文献と『毛詩旁解』巻一１葉（上海図書館蔵　元刊本）

断片は、①『孟子』「告子章句下」の一節であること、②大元から明初にかけての官刻本の版木の保存状態について解説する『南廱志経籍考』の下篇、「孟子旁解」の項に、"本文を書するの旁に於いて細書し、以て之を釈す。故に「旁解」と曰う。此れ『論語旁解』とともに与《とも》に皆、撰する人の姓名を未だ詳らかにせず"と述べられること、③朱升が著した四書五経の旁註についての『四庫全書総目』解説と台湾漢学研究中心が蔵する明嘉靖五年刊本『書経旁註』④上海図書館所蔵の元刊本『毛詩』の形態から、残葉の書名を『孟子旁解』もしくは『孟子旁註』と推察しうる。版心・魚尾・ルビ用の欄を備える原稿用紙の原型は、少なくともここまで遡れるのだ（原稿用紙が朱欄なのは、義和団事件によって清朝宮廷から流出した究極の明代抄本『永楽大典』の影響か）。

本の鎌倉時代以降、天皇家・公家・将軍家・諸大名の文庫、鎌倉・京都の五山十刹をはじめとする仏寺、神社、儒・医の名家に於いて大切に保管され、学ばれてきた漢籍（元刊本、元刊本を覆刻あるいは重刊した明刊本・朝鮮版・五山版／和刻本、ならびに鈔本・抄本／写本）を利用しなければ、正体をつきとめることは不可能であった。中国では、既に散逸してしまっているからである（北京大学図書館や中国国家図書館、台湾故宮博物院等が所蔵する宋刊本・元刊本の中には、明治時代に流出、清朝・中華民国政府の駐日官僚であった李盛鐸や楊守敬が入手、持ち帰ったものが少なからず含まれる。歴代の蔵書印や欄外の書き込みに留意すべきである【コラム１・２】)。ちなみに、そうした貴重な伝来本のうち、四書五経の“旁註”“旁解”本は、中身のみならず外形まで学ばれて、明治以降の教育・文芸活動に大きく寄与した。四百字詰め原稿用紙のモデルになったのだ【図４】。

また、以上のような作業を経て明らかになった書名は、高麗王朝末期の1352年、翻訳や通訳を担当する官僚を養成するために編まれた教科書『老乞大』のなかで、高麗商人が大都（今の北京）で購入した書物の数々、高麗王朝～李氏朝鮮初期の官僚たちの文集や随筆、『実録』の記事とも重なり合う。

平陽（今の山西省の臨汾)、杭州や慶元（今の寧波)、福建の建寧等で出版された書物は、陶磁器・絹・茶葉をはじめとする様々な商品と同様、モンゴル帝国の版図に縦横に張り巡らされた駅伝網を通って、あるいは南宋接収の後に開発された華北と江南を連結する運河や、

コラム1

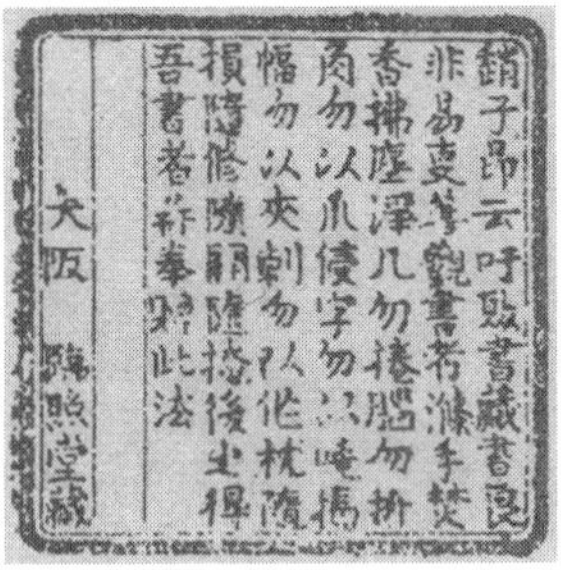

趙孟頫による愛書の戒め

左は『范文正公集』二十巻、『別集』四巻、『政府奏議』二巻、『尺牘』三巻、『遺文』一巻、『補遺』一巻、『諸賢賛頌論疏』一巻、『論頌』一巻、『詩頌』一巻、『朝廷優崇』一巻、『言行拾遺事録』四巻、『鄱陽遺事録』一巻、『遺跡』一巻、『褒賢祠記』二巻、『議荘規矩』一巻（中国国家図書館蔵　天暦～至正年間范氏褒賢世家家塾歳寒堂刻本）に捺された松井甚五郎（1751-1822年。号は羅洲）の蔵書印のひとつ。南宋の皇帝の血筋に連なり、モンゴル朝廷においても、その書画の才により世祖クビライから英宗シディバラにいたる歴代カアンの寵愛を受け、とうじの文化事業の立役者のひとりでもあった趙孟頫の言が座右の銘として刻まれる。「**ああ、書物を蒐集し保存するのは、まことに容易なことではない。閲覧の作法を弁えた者は、神経を研ぎ澄まし且つ注意深く、手を洗い清め薫香を焚き染め、埃を払って机を拭き清めるもの。書の背（糸綴じの部分）を捲りあげないように、頁の角を折らないように、爪で文字面を引っ掻かないように、（しわぶきやくしゃみで）唾の霧吹きを見開きに散らさないように、枕にしないように、栞を挟まぬように、破損したらただちに修復し、頁を開きっぱなしにせずに（癖がつかぬよう）そのつど閉じること。後世、わが蔵書を入手する者も、この決まりごとを遵守し、伝授していくように**」。いっぽうで、松井は別の二つの長方印を製作し、こうも戒める。「およそ物は皆ご縁のあるところにかたづくものであるから、蔵書の貸借・譲与・転売の際にケチケチするな。ただ虫食いや汚れによる破損、乱雑な扱い・いい加減な管理による紛失こそを嘆け、子供たちよ、この戒めをゆめ疎かにするなかれ」、「自身で著作をものしてみて、はじめてその営為が苦難であると体感する。一文字一文字書き表すのに心血注いで乾涸びる。埃の山に閉じ込めて食欲旺盛な害虫どもに媚を売るくらいなら、売りさばいて人の目を楽しませるほうがマシであるぞ」。

この『范文正公集』は、モンゴル政府が顕彰していた北宋の名臣范仲淹の文集・関連資料を纏めたもので、かれの後裔も、孔子・孟子・顔子の一族と同様に庇護を受けており、家刻本とはいえ、公費が相当量つぎこまれたと考えられる。じっさい、版木の文字はとうじ名筆として知られ、官刻の大字本『農桑輯要』も手がけた銭良佑が担当した。顔真卿の書体に代わって1300年代に大流行し、習字の手本として学校でも教えられていた趙孟頫の書体で認められる美しい本で、保存状態もよく、戒めどおり大事に扱われてきたことがわかる。

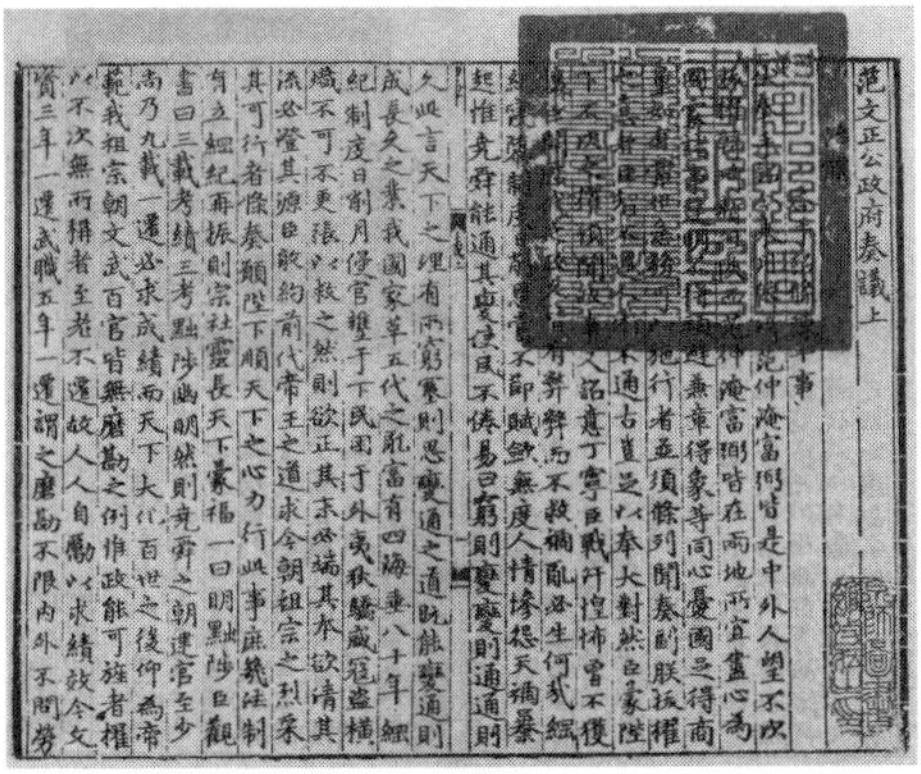

コラム2

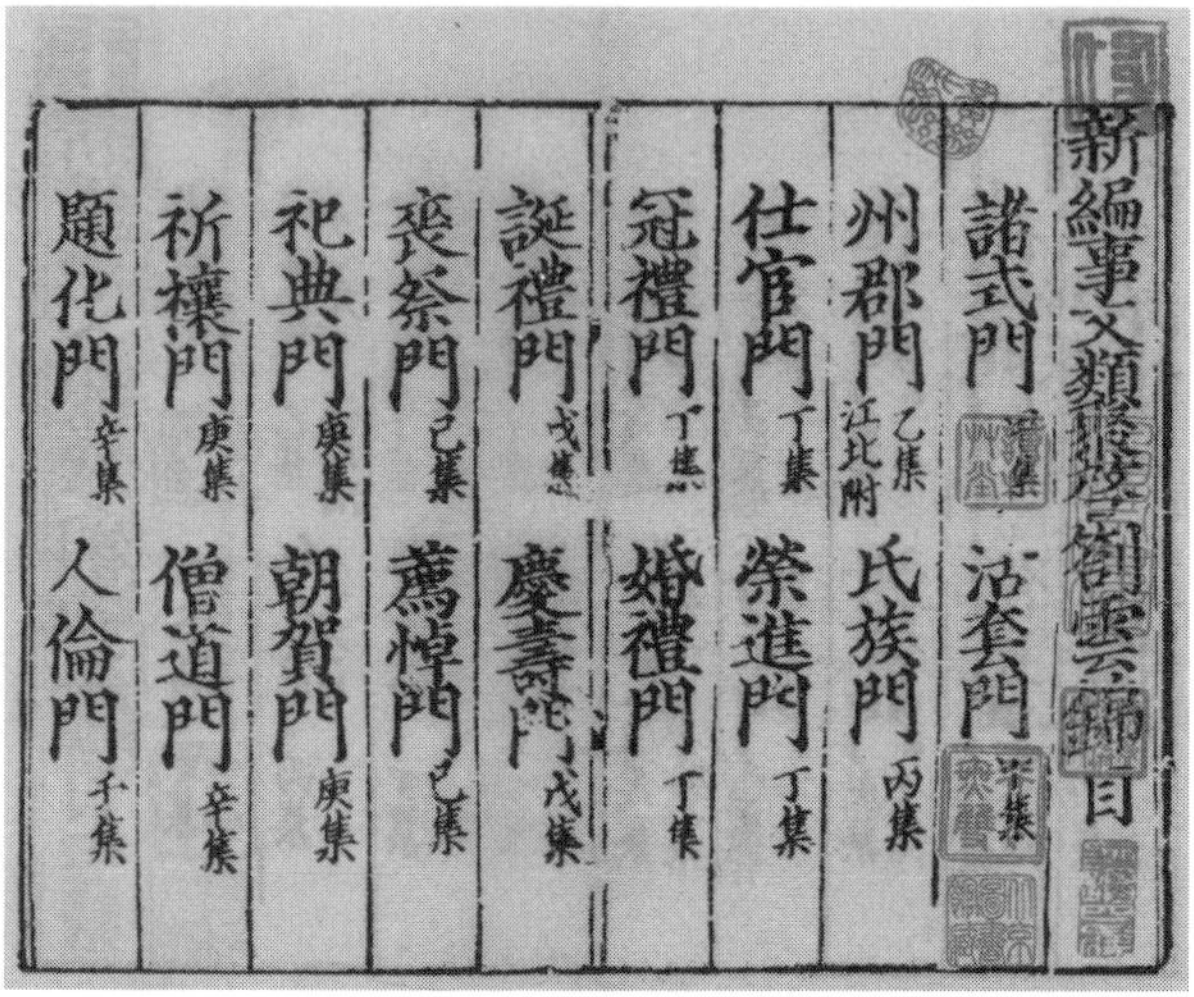

「寿仁」のパクパ字蔵書印が捺されるモンゴル時代の類書　中国国家図書館蔵　元刊本

「読杜草堂」の方印から、明治政府の官僚で薩摩藩出身の寺田弘の所蔵を経て、楊守敬が日本で購入した漢籍のひとつと判明する。さらに、これまで指摘・解読されていないが、蔵書印のひとつにパクパ字で“šiw 寿仁”と刻む小さな正方形の印が認められる。大元ウルス治下の蔵書家か、『平他字類抄』の事例（コラム3参照）からすれば鎌倉～室町期の日本僧のものだろう。室町時代の『蔭涼軒日録』や『蠡測集』に本書の名が記録されているほか、随筆『蕉窓夜話』が“雲錦ト云テ、翰墨全書ニ似タ本ガアルゾ”というとおり、『新編事文類聚翰墨全書』、『新編古今事文類聚』、『新編事文類要啓箚青銭』、『新編増修類編書林広記』といった一連の類書――詩文に用いる慣用句や故事、用例等を調べるための辞典、往復書簡、交際等のマニュアル本――と近い内容をもつ。巻頭の綱目では『啓箚雲錦』と題しているが、実体は『啓箚天章』（前田尊敬閣蔵　元刊本）を重刊したものといってよい。現在のところ、伝本は知られていないが、東福寺の僧雲泉太極の日記『碧山日録』に、“渉閲新編古今事類啓天機錦、其請召筵会、**坐次儀式**、**茶飯体例**、此方又有得其一二者、至同席客所相楽、乃一也”とあり、『啓箚青銭』や『事林広記』と内容が一部重複するテキストも存在したことがわかる。ちなみに、こうした類書をはじめとする元刊本の多くに、趙孟頫の戒めに反して、朱筆で圏点を打ったり、傍線を引いたり、返り点をうったり、欄外に膨大な関係記事を片仮名混ぜて書き込んだり、余白が足りない場合は付箋代わりの紙を継ぎ足したり、手垢で黒ずんでいたりと、とうじの僧侶たちの研鑽のあとが確認される。大事にしていたからこそ、今日まで大量に伝来したのだが、同時に「使ってこそなんぼ」の精神が漲っていたこともみてとれ、面白い。

東南アジア・中東を繋ぐ海路も利用して、ユーラシアの東西（東は高麗・日本、西は遠くヨーロッパまで）に運ばれていった。

そうした伝播の実例・わかりやすい証拠のひとつとして、世祖クビライが至元六年（1269）に製作させた“世界中の言語の音を表記できるパクパ字”の字典を挙げることができる。14 世紀から 15 世紀末にかけて、京都や鎌倉の僧侶たちは、『事林広記』等に収録される漢字・パクパ字対照表を参照しながら、この最新流行の文字を取り込んだ印鑑を作成していた（こんにち、我々が気取ってローマ字印を作るようなもの【コラム 3】)。きっと舶来・発掘品の銅銭や陶磁器、印章等に刻まれたパクパ字を解読したりもしていただろう。いっぽう、イタリアはアッシジのサン・フランチェスコ大聖堂の丸天井に描かれた dottori 博士たちのフレスコ画――1290 年代の製作に係り、手がけたのはジョット・ディ・ボンドーネ（1267－1337）と推定されている。1997 年の地震で崩壊――にも、パクパ字風の書物が認められる。こうした壁画を描きえたのは、ジョットが、ローマ教皇庁なり商人の家に於いて、パクパ字で書かれた典籍をじっさいに目睹していたからこそである【図 5】。

コラム3

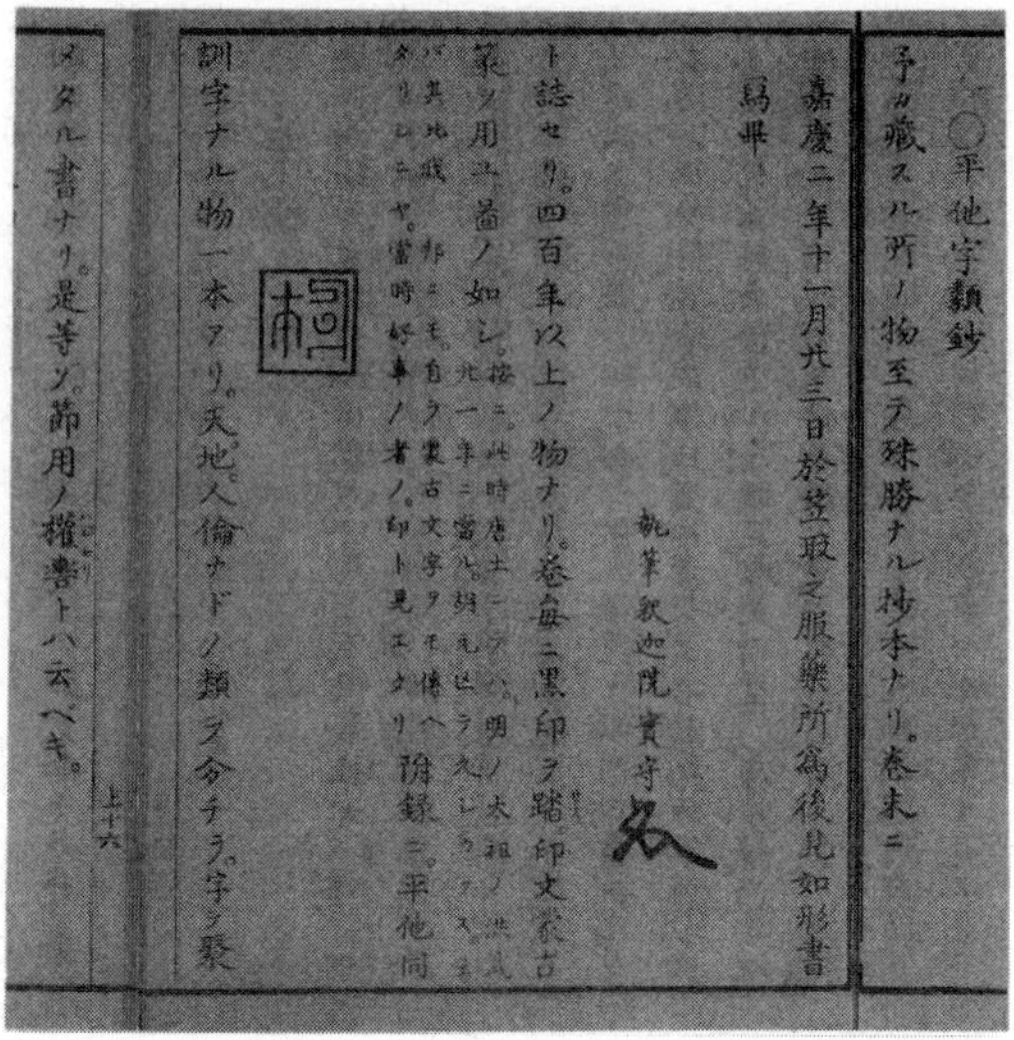
○平他字類鈔
予カ蔵スル所ノ物至テ殊勝ナル抄本ナリ。巻末ニ
嘉慶二年十一月廿三日於笠取之服薬所為後見如形書
写畢
執筆釈迦院實守
ト誌セリ。四百年以上ノ物ナリ。巻毎ニ黒印ヲ踏印ス文蒙古
篆ヲ用ユ畫ノ如シ。按ニ此時唐土ニテハ明ノ太祖ノ洪武廿一年ニ當ル。胡元亡ビテ久シ。去バ其地域ニモ自ラ蒙古文字ヲ伝ヘタリシニヤ。當時好事ノ者ノ印ト見エタリ
附録ニ。平他同
訓字ナル物一本アリ。天地人倫ナドノ類ヲ分チテ字ヲ聚
メタル書ナリ。是等ゾ節用ノ權輿トハ云ベキ。
上十六

『平他字類抄』附『平他同訓字』の各冊に捺された「šu'e 水本」のパクパ字墨印

桂川中良『桂林漫録』巻上（国立国会図書館蔵　享和三年／1803 刊本）より

『平他字類抄』は、平・仄を知る――漢詩作成のための、しかもイロハ順に検索できる字書で、節用集の嚆矢。奥書から、嘉慶二年／洪武二十一年（1388）から翌年にかけての写本（ときは南北朝、足利将軍家は義満の代）であり、くわえて“笠取”とあるので釈迦院は醍醐寺の塔頭だと知れる。醍醐寺文書によると、「水本」坊は、釈迦院・報恩院の別名。水本坊の僧正・僧都は、『満済准后日記』にもしばしば登場する。とうじ、日本の僧侶も『事林広記』の「文芸類」【蒙古字体】を参照して印鑑を作成し、書画・典籍にペタペタ押していたのである。

『事林広記』は、南宋末期の陳元靚『博聞録』を改訂し、挿絵やモンゴル時代の最新情報をふんだんにもりこんだ類書（百科事典）で、鎌倉から室町時代に、宮中・寺社などにおいてひじょうに重宝された。医薬の処方、料理のレシピ、陳情書・手紙の書き方、書画や衣服の保存方等、多方面に亙る内容で、蘊蓄を仕入れるのにも便利だった。江戸時代には、広く利用に供するため重刊されている。左のテキストは、巻頭の「木禅庵」「十竹」の書き入れや、禅居庵十竹軒「古雲」智云の朱方印から、京都五山のひとつ建仁寺の旧蔵に係ることは間違いない。李盛鐸の購入品。

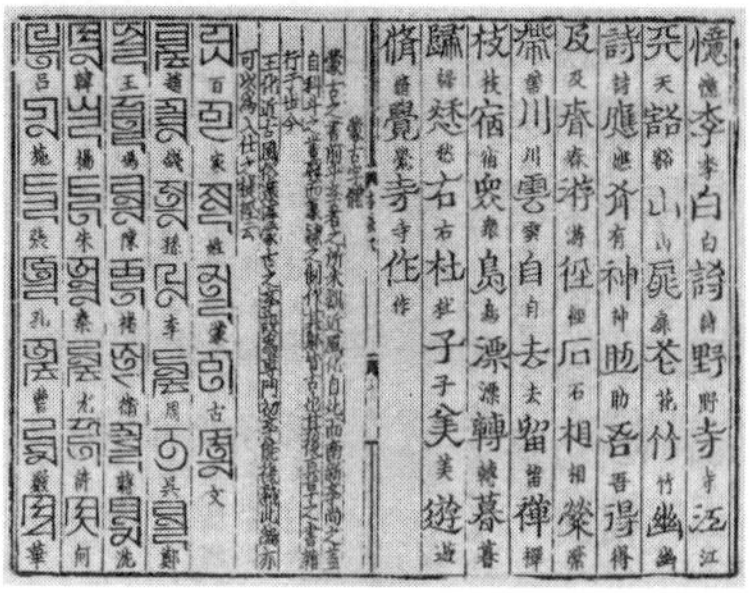

建仁寺旧蔵の『事林広記』

北京大学図書館蔵　元刊本

【図5】1290年代にGiotto di Bondoneが模したパクパ字風の書物

S.Bandera Bistoletti, *Giotto:catalogo complete*, Firenze, 1989, pp.24-25.

Rosamond E. Mack, *Bazaar to Piazza*, Carfornia, 2002, p.52.

2．モンゴル王族とテクノクラート集団

(1) 全真教はなぜ勢力を拡大できたのか

イスィナ、甘粛省のトゥルファンと敦煌から出土した書物（書名の判明していないもの、ウイグル語、モンゴル語、西夏語のものも含む）には、二つの注目すべき特徴がある。①挿絵、図表が附され、かつ“句解”“直解”と題されるように平易な文体で書かれること。②陰陽（天文・暦法・卜筮・亀卜・地理等の分野）、医薬、算術、韻書が相当量、含まれること。

それらのうち、頁の上部3分の1に挿絵、下部3分の2にウイグル文字モンゴル語が刻される断片（M1・029-030）では、孫真人が戦没者の鎮魂のための祭祀を行っている場面が表現されており、モンゴル諸王の庇護のもと、華北で勢力を急速に拡大していた新興の道教教団——全真教の関与が示唆される。孫真人とは、唐代に数多くの医学・薬学・数学・陰陽に関する書物を著した孫思邈のことで、この教団の道士たちにとっては、尊崇の対象であり、目標であった。

テムジンは、1206年にチンギス・カンの称号を名乗る以前より、配下にムスリムを少なからず抱えていたし、自身、嫡長子のジョチ、末子のトルイとともに、かつての主君オン・カン——ケレイト族のカンでネストリウス派キリスト教を信奉した——の姪たちを娶っていた。しかし、いかなる宗教・教団も平等に扱い、仏教や道教に対しても諸税や労役等の義務を免除する保護状を与えた。その理由は、

かれらを神＜mon. tenggeri 上天を呼び出し、自分たちの長寿・幸福を祈ってくれるシャーマン＜mon.bo'e 巫師と看做したこともあるが、最先端の医学・薬学・科学全般を扱う者たちを輩出する集団だったからである。1222 年、中央アジア遠征の最中に、チンギス・カンが全真教の代表者であった丘処機をわざわざ招いたのも、侍医＜mon.otoči のひとりで弓矢の製作も請け負っていた劉仲禄が、彼を長寿の秘訣を知る人物として推薦した結果であった。また、移剌楚才／耶律楚材は、この時期、チンギス・カンの側近集団＜mon. kešik 怯薛に於いてüjemerči 陰陽師、tölegeči 卜者を務め、天体観測を行い、自身の亡父が曾て作成した暦を補正していた。チンギス・カンからすれば、軍事を展開するうえで、医者と占い師は多ければ多いほどよかった。とくに医者は、大事な息子たちや部下たちの健康維持・延命はもとより、兵士たちの脚気や疫病の対策等のために、それぞれの軍団に振り分ける必要があったからだ。

チンギス・カンの各教団に対する庇護の方針は、そのまま一族に受け継がれた。孔子の子孫やムハンマドの聖裔等の生活を保証し、仏寺・道観・孔子廟・モスク・教会等に対して、税金面で優遇措置をとることはもとより、それらに附設されるマドラサや書院といった各種学校の新築・補修に際しても、莫大な資金を援助した。そうした場での伝統的な「知」の蓄積、人材の育成を尊重していたのである。したがって、「知」をより広く伝える書籍の編纂や出版にも尽力した（教育・文化面での一大産業を創ることで雇用を生み出すという、戦

後処理の一環としての経済政策でもあった)。

チンギス・カンの次男チャガタイの協力を得てカアンの座に即いた三男オゴデイは、1232年、弟トルイの指揮するモンゴル軍団とともに、金朝の最後の砦とでもいうべき開封を完全包囲し、まず儒者・道士・僧侶・医者・技術者・細工師・通訳等を城外に出して安全を確保した。そのうえで城内に兵を入れ略奪を行わせた。一ヵ月後、かの保護した人々をカラ・コルムへ招聘した。クビライ・カアンの治世に高官となり、大元ウルスに朱子学を普及させた許衡も、このとき、医薬・卜筮の知識を評価されて、辛うじて生き延びることができたのである。かたや、城内にとりのこされた人々は、崔立の叛乱と殺戮、疫病の流行に恐怖し、大混乱に陥った。そして、新しい王朝では何が重視されるのか、生きてゆくために何が必要か、生と死の狭間で痛切に実感した。

翌1233年には、燕京(いまの北京)の孔子廟に国立のケシク養成学校が設立され、モンゴル官僚の子弟たちは、キタイ＜mon.Kitat irgen 漢児の言語や文章の書き方を習得する外、水利事業や建築に必要な測量技術と数学、薬剤の調合等も学んだ。近隣には、中央アジアから連行された細工師・技術者たちが働く官立工場も設立されていた。学校の統括者・監督者には、かつて丘処機とともに中央アジアを旅し全真教の代表者となっていた李志常、幼少期よりオゴデイのケシクで育ち多言語を操ることができたため西域の三十国余りに使臣＜mon.elči として派遣された経験をもつ楊惟中が任命された。

そして教師の多くは、鍼灸・薬草・卜筮・算術等に長じた全真教の道士たちであった。あきらかに、拡大しつづける大《イェケ》モンゴル国《ウルス》の版図に対応できる視野・能力をもつ人材が求められていた。

オゴデイの后妃たち・王子たちは、医薬・陰陽などの分野を網羅する『道蔵』の刊行という大事業を全真教に委ね、資金面で積極的に支援した。完成すると、華北の主要な道観に１セットずつ頒布され、増刷できるように版木もきちんと管理された。要するに、この事業を通じて、全真教は教団の中に、紙の製作所、図解・挿絵（薬剤の特徴や抽象的な概念を一目瞭然にする）などの精緻な作業をこなせる刻工、印刷所などを完備することができたのである。そして、より多くの信者獲得のために、また朝廷に必要とされる人材を育成するために、民間に伝来した稀少な医薬書や占いの書物、自分たちの新著を次々に出版したのだった。

チャガタイの傍らにも、早くからキタイの医者が仕えていた。それに飽き足らず、父から分与された華北における愛馬《アイマク》＜mon. aymaq と呼ばれる所領地（漢語では湯沐邑、分地、枝児、投下領などと訳される）――すなわち山西の太原府に、医学や占いに長けた人材を求める命令文を出している。そうして獲得した近侍の占い師のひとりも、全真教の道士であった。チャガタイは、中央アジアにある彼のウルス内のアルマリク一帯に、太原出身の工匠たちを数百人単位で住まわせる一方で、ムスリムやウイグル人の機織師・武器職人・船大工などの集団を手元に置き、時には、かれらの一部を、自分の

代理人として華北の各湯沐邑を経営する親族や家臣に分与した。

(2) 東西交流を促進した“湯沐邑”

“湯沐邑”は、モンゴル時代の東西交流を支えた重要な制度のひとつである。チンギス・カンは、大《イェケ》モンゴル国《ウルス》という緩やかな統合体のもと、ジョチ、チャガタイ、オゴデイ、トルイの4子のウルスの間を互いの使節団が頻繁かつ永久に往来するようにという深謀遠慮から、各ウルスに他の3兄弟の湯沐邑を設定させた（たとえば、ジョチのウルスにおけるチャガタイの湯沐邑はカートとヒヴァ。チャガタイのウルスにおけるトルイの湯沐邑はブハラ。華北に設定されたジョチとチャガタイの湯沐邑は出版業が盛んだったことでも知られる平陽、太原）。同様に、カサル、カチウン、テムゲ・オッチギン、ベルグテイ等チンギス・カンの弟たち諸王、后妃、駙馬家、功臣にも“食邑”があたえられた。この原則は、世代を越えて踏襲され、新たな版図を得た場合にも適用された（ちなみに、南宋接収ののち、チャガタイ家は湖広行省の澧州のほか、福建に湯沐邑を与えられており、大元ウルスにおける華北と江南の書籍の流通、相互の覆刻・重刊の関係等を考える手がかりともなる）【図6－7】。そのたびに、君臣ともども兄弟・親族が世界各地にセットで散らばりゆくことで、東西南北、陸路・水路を使用して空前の規模・頻度による人・物・情報のやりとりが交わされることとなった。

じっさい、モンゴル時代の漢文資料やペルシア語資料には、各湯沐邑の戸籍台帳に依拠して、租税、絹などの特産品、文武に優れた人材を互いに届け、受け取るという名目のもとに往来した外交使節

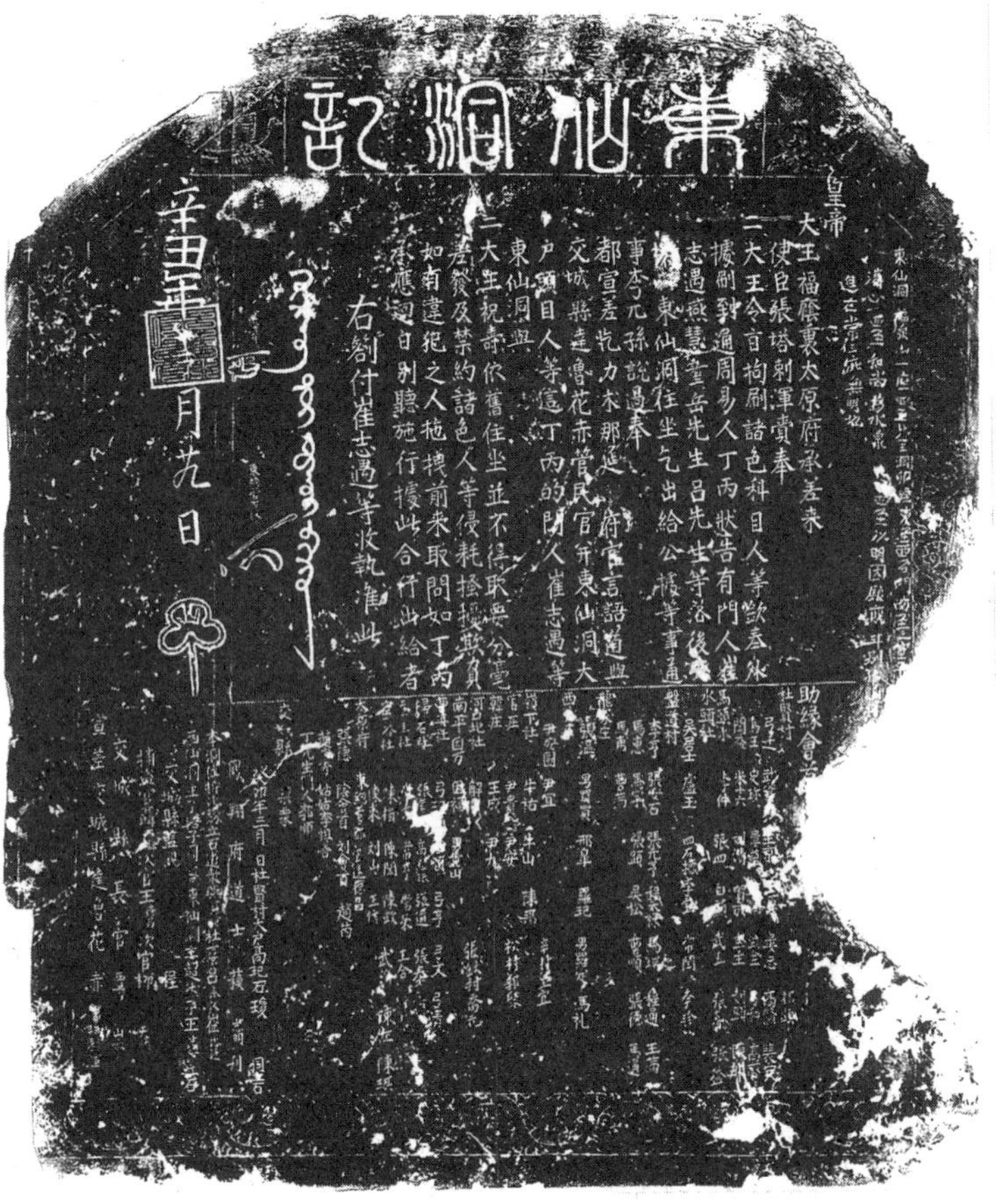

【図 6 】チャガタイ家の華北太原における投下領の存在を示す碑刻

『三晋石刻大全・太原市古交市巻』（三晋出版社　2012 年　pp.8-9）

上截には、1241 年に全真教の道士に発給された文書が刻される。二大王とは、チンギス・カンの嫡子のなかで次男であったチャガタイを指し、日付の下に捺される三つ葉のようなマークは、チャガタイの曾孫バラクが 1267-68 年にアルマリク（現在の新疆ウイグル自治区）で発行した貨幣の tamγa と同一である。なお、ウイグル文字モンゴル語の添え書きには gümǰi manu dur ot=qui bičig（鈞旨←我的《われらの》の裏《うち》に去《ゆ》く的 文字《ところのかきもの》）と記される。

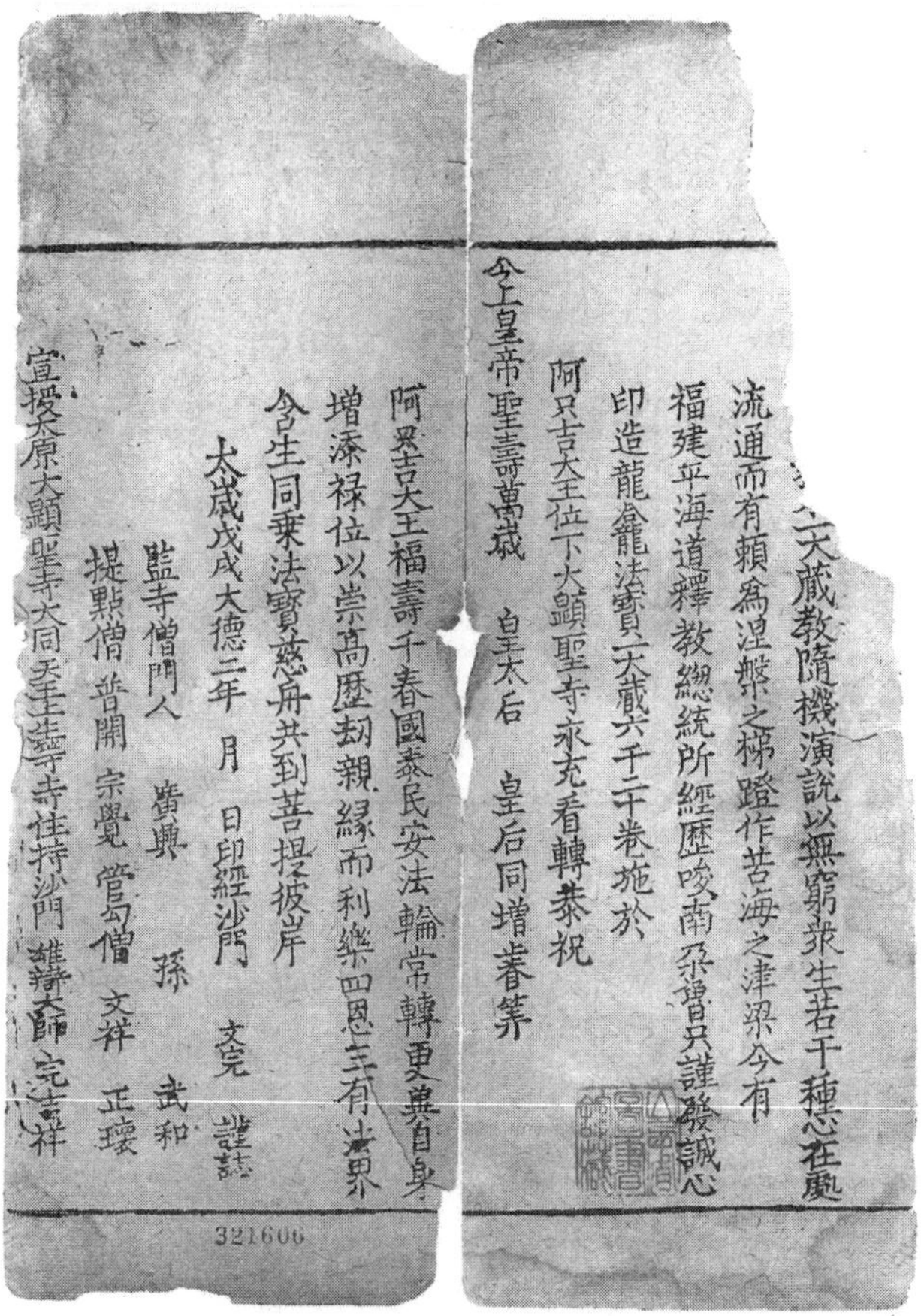

00900 龍龕法寶大藏殘葉〔元〕釋完吉祥譯　元大德二年〔1298〕刻本

經折裝。匡高22.4厘米，廣10.9厘米。半葉六行，字數不等。上下單邊。山西省圖書館藏，存殘葉兩折。

【図７】チャガタイ家の江南福建における投下領の存在を示す経典

『第一批国家珍貴古籍名品録図録』（国家図書館出版社　2008年　p.90）

チャガタイ家のアジキ大王は、傍流ながらもバラク造反ののちは、クビライの信任を得て、中央アジアのカイドゥ等と対峙すべく、山西を拠点としつつ甘粛からモンゴリアの最前線で活躍していた。ラシードゥッディーンの『集史』でも言及される有力者である。カラ・ホトや敦煌から建安の小字本が少なからず発掘される理由の一端をこの残葉が雄弁にものがたる。

《チンギス・カン家の系譜略図》

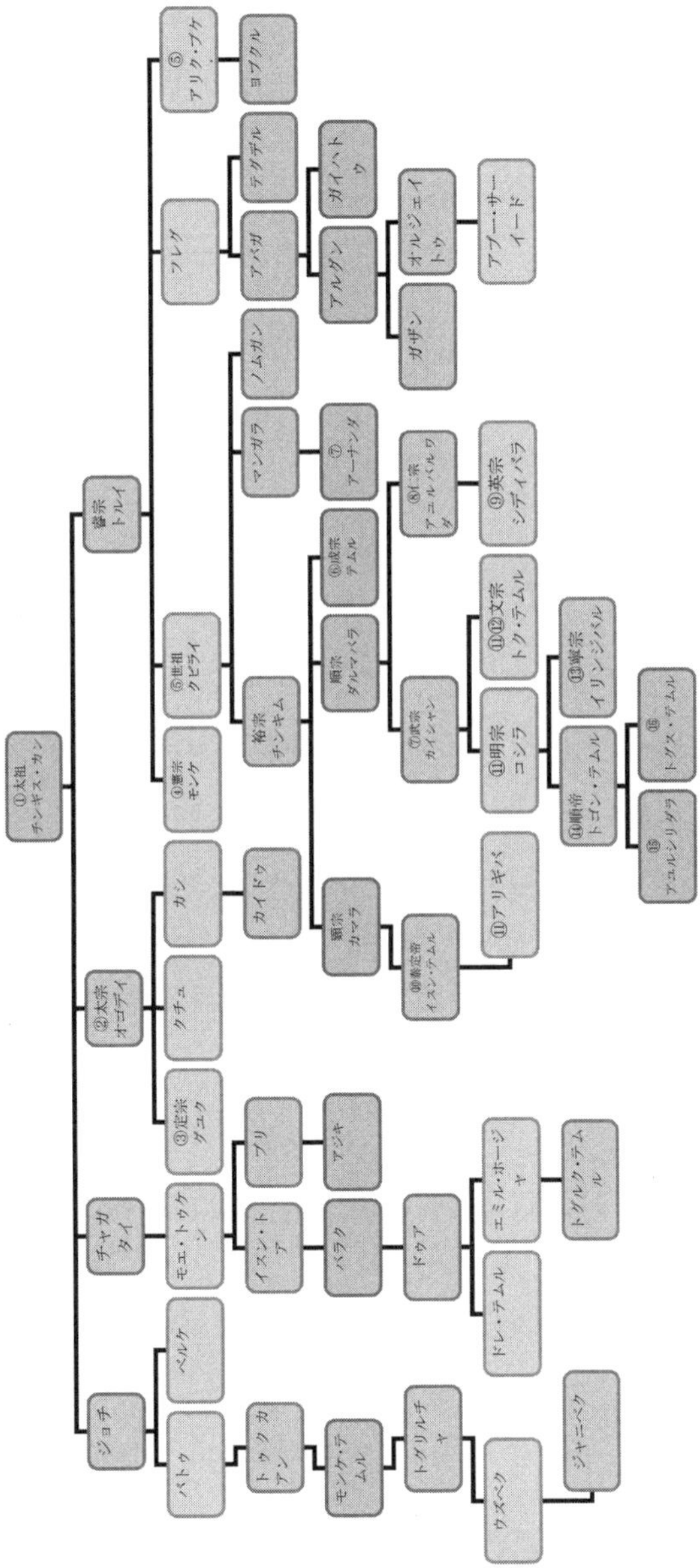

団の記録が数多くのこる。いずれのウルスにおいても、戸籍台帳の管理、税制の整備、出納簿の記入法や各種文書の定型化、各地の言語における行政用語――とくに税関連の語彙の把握、ユーラシアの東西における度量衡や貨幣の対応表の作成が喫緊の課題となったことは、想像に難くない。また、王族たちが挙《こぞ》って、諸ウルスに点在する自身の湯沐邑から、選りすぐりの学者や将来有望な俊英をモンゴル高原の自分の宮帳《オルド》に招いたことで、各地域の「知」をぶつけあう場が出現し、各種学問・技術の融合、活性化、飛躍が促進された。

(3) トルイ家と史天沢の幕僚たち

華北の中でも、巨万の富を生み出す真定府（いまの石家庄）は、チンギス・カンによって、かれが後継者と目していたトルイの湯沐邑と定められていた。トルイが亡くなると、モンゴルの慣例として、かれの正妃ソルコクタニ・ベキ（オン・カンの姪。彼女の強大な権勢は、遥かローマの教皇庁にまで報告されている）が代表者として受け継ぎ、彼女の死後はトルイの末子アリク・ブケの所有に帰した。トルイ家は、現在の河南、陝西にも広大な所領を有した。これらの地域は、軍閥の史天沢の勢力範囲と重なりあっていた。ソルコクタニは、ケレイト族と近しい関係にあり且つ財務・経済に長じているウイグルの官僚・商人を信頼し、トルイ家の所領の経営を任せたので、史天沢の一族とこれらのウイグル人たちも自然親しくなった。

史天沢は、ラシードゥッディーンの *Jāmi'al-Tavārīkh*『集史』にも名前が記されるが、彼が“モンゴル”の一員として尊重された

のは、その軍事力もさることながら、有名なソグドの武将史思明の後裔と考えられていたことが大きい（史天沢の姉妹はチンギス・カンの腹心ムカリに嫁いだ）。彼は、金朝末期の戦乱を避けて華北の全真教の道観や仏寺を転々としていた元好問、李治、張徳輝等をはじめ、許衡、姚枢、竇黙、郭守敬、劉秉忠といった多芸多才の名士、技術《テクノ》主義官僚《クラート》として充分に通用する者たちを積極的にその幕下に受け入れ、一大文化サロンを形成した。元好問や李治は、時代を代表する文筆家であると同時に、医薬書や高次方程式・幾何学に関する数学書も著した。姚枢は、自身が指揮をとり実践した屯田の経験をもとに、平易な文体で『種蒔直説』、『士農必用』と題する農業・養蚕の解説書を編んでいた。モンゴル語を自由に操る史天沢は、彼らの意見を汲み上げ、カアンに上奏する通訳＜mon.kelemeči を自任していた。有能な人材をモンゴル諸王に紹介、送り込んでおくことは、将来への布石であり、政変が起こった場合の保険でもあった。

上記の人々が修得した医学・薬学・数学・天文学・農学等の分野における知識は、前近代の中国科学史上で最高水準といってよいもので、同時期の南宋を圧倒した。その理由として、①12世紀後半、モンゴル高原の遊牧民たちの強大化による脅威が迫り、金朝治下で、軽佻浮薄な詩賦よりも実学を究めようとする若者が増え、また多芸多才が尊重されはじめていたこと。②金の王室は、防衛上の不安から外国との交流・通商に消極的であった。しかし、華北にモンゴルが進攻し実行支配の地域を広げてゆく過程で、実学主義の新たな

「知」の修得に貪欲な者たちと中央アジア出身の財務官僚やさまざまな地域の技術者との間に、接触の機会が増えた。その結果、中国の学術が、ムスリムやネストリウス派キリスト教徒、ユダヤ教徒が培ってきた科学から大いに刺激を受けたこと。などが考えられる。

ソルコクタニは非常に教育熱心で、彼女の4人の息子——モンケ、クビライ、フレグ、アリク・ブケのために、選りすぐりの学者たちを家庭教師につけて、テュルク語・モンゴル語に翻訳された古今東西のさまざまな分野の書物——歴史や暦、薬剤の基礎知識などを学ばせた。なかでも長男のモンケは頭抜けて優秀だったらしく、数ヶ国語を自在に操り、ユークリッド幾何学の難問をいくつも自力で解いた、といわれている。その才能に加え、彼は、若年より馬上にあって、北中国からロシアまでユーラシアの東西を自らの目と耳で確かめてもいた。ソルコクタニは、モンケに全ての期待をかけ、オゴデイおよび彼の息子グユクの時代、細心の注意をもってトルイ家を統括・維持しながら、次期カアン位獲得のために着々と布石を打っていた。彼女の経済的・政治的支えと、かつての戦友でキプチャク草原からロシアに到る広大な領域を支配するジョチ・ウルスの当主バトゥの軍事力のもとに、1251年、カアンとなったモンケが、すぐに世界征服を見据えた戦略・経営についての壮大な構想を打ち出したのは、当然のことと言ってもよい。

モンケは、クビライに対して、東の地域——漢児《キタイ》（華北）・蛮子《マンジ》（江南）、大理《カラジャン》・河西《タングト》・西番《ティベット》・女真・高厳《ソロン》・高麗・印度《ヒンドゥ》への進軍・

制圧を命じた。クビライは、出陣に際し、まず自身のケシクの侍医あるいは配下の軍医として、華北の儒教・道教・仏教の名士・碩学たちを招集した。その一人、羅天益はまさに真定の出身であった。かれが1281年に著した『衛生宝鑑』という書物は、自身がかつて診察した患者たちの症例・処方箋を纏めたものだが、病状ごとに分類されているカルテを年代順に並べなおすと、「モンゴル軍の征南記」に変身し、クビライの1252年から1260年にかけての行動を知るための貴重な歴史資料にもなる。また、この書物には羅天益の出仕前・出仕以後の交友関係が赤裸々に示されており、史天沢の幕僚たちがモンケの死後、そのままクビライおよびその皇太子チンキムの重臣・テクノクラートとなっていったことがわかる。そして、かれらこそが大元ウルスにおける中国風の諸儀礼の制定、遼・金・南宋の資料の整理、朱子学の普及、『農桑輯要』の国家出版と頒布に象徴される農業・養蚕・灌漑などの指導・奨励、運河の開通工事、革新的な「授時暦」の製作等、特筆すべき政策、文化事業を担当したのである。

いっぽう、西の地域――イラン地方、シリア、エジプト、ルーム、アルメニアへの進軍・制圧は、フレグに任された。1253年にフレグが出立するに当たって、モンケは、キタイの投石機＜per. manjanīq・火器・弩石弓の技師たち千人を従軍させた。彼らは、史天沢のところから供出され、史天沢の腹心の将軍であった郭侃が統率した。また、モンケは、フレグに対し、イスマーイール派すなわち暗殺者集

団の殲滅、その本拠地アラムートの山城から、当時、天文学・数学のエキスパートとして天下に名を轟かせていたナスィールゥッディーン・トゥースィーを救出し、自分のところに連れて来るよう、特別に命令を下していた。チンギス・カンの西征以来、モンゴル帝国の解決すべき命題のひとつとなっていたユーラシア東西の暦の統合作業のために、早くから天文台の創設と天文表＜per.Zīj の作成の計画をたて、ジャマールゥッディーン等に準備させていたものの、どうしてもナスィールゥッディーンという天才とその周辺のテクノクラートたちが必要だったのである。

アラムートは1256年に陥落し、フレグはナスィールゥッディーンの保護に成功しただけでなく、ユダヤ人の中でも特に優秀な医学者たちの集団（かのラシードゥッディーンの一族）をも併せて手中にした。このとき、モンケがクビライと不和になり、自ら南宋征伐に乗り出していたので、フレグはナスィールゥッディーンを自身の手元に政治顧問として留め置き、1258年、終にアッバース朝を滅ぼした。フレグはモンケに戦勝の報告と今後の進軍に関する指示を仰ぐために、郭侃等をカラ・コルムへ派遣する一方で、マラーガに天文台を建設し始めた。初代所長には、もちろんナスィールゥッディーンが任じられた。この天文台は、観測・占星術を行うだけでなく、天文学と数学の研究所としての機能も有した。さらにはその附属機関として観測機器を作るための鋳造所、バグダードから接収したばかりのアッバース朝カリフの蔵書40万冊やアラムートの貴重書・

各種機器などを保管する図書館も設置された。ナスィールゥッディーンは、フレグに仕えているキタイの天文学者や医者たちとさまざまな学術分野の情報交換を行った。とくにフレグの側近 FW MNJY >Fū mɁnjīという名の全真教の道士から聞き取ったキタイの歴史と天文学の基礎知識は、彼の作成した『イル・カン天文表』にきちんと記録された（その時の情景はイスタンブルのトプカプ・サライが所蔵する『集史』の写本のミニアチュールに描かれている）。フレグは錬金術に傾倒し、キタイの侍医たちの調合した下剤が原因で死亡したと伝えられており、FW MNJY もおそらくその集団に属していたと推測される。

郭侃等の報告を聞いたモンケは、1259 年初頭、フレグのもとに使節団と軍隊を派遣する。その使臣の一人に、常徳という名の男が選出されていた。かれの父、常用晦は史天沢のサロンのメンバーで、真定の官学の教授を務めた。親子ともども、元好問、劉祁、麻九疇、張従正といった多芸多才の、とりわけ医学・薬学に造詣の深い名士たちと親しく交流・師事した。常徳の西域旅行の道中の見聞は、のちに彼の姻戚劉郁により「西使記」という報告書に纏められた。常徳がフレグのもとに派遣された理由は述べられていないが、当時、常徳はフレグの湯沐邑である彰徳の税務長官に任じられていたので、モンケより課せられた任務に、「当地の税収を無事届けること」が含まれていたのは、間違いないだろう。だが、より重要な任務は、彼自身の医薬の知識を活用して、ユーラシアの東西の薬草の名前を

比較・同定し、その効能を整理してゆくことであった。常徳は、道中で採集・購入した薬の名前・効能を現地の人に確認しながら、逐次、自身の携帯していた薬剤図鑑、すなわち1249年に平陽で刊行されたばかりの『重修政和経史証類備用本草』と照合していた。

じつは、これまで紹介されていないが、常徳がフレグの御前に参内した際の記録が存在する。それは、北京大学図書館が蔵する元刊本『太医張子和先生儒門事親』にのみ見られる高鳴の序文で、1262年に書かれた（高鳴も史天沢の幕僚で、とうじやはりフレグの所有する彰徳の経営を任されていた。のちにクビライのテクノクラートとなった）。それによると、医術を非常に得意とする者として常徳をフレグに紹介したのは、フレグのケシクの重臣、萬家奴官人《ノヤン》と尚医《オトチ》傅野の二人であった。この面談の結果、フレグは、常徳の恩師で名医だった張従正の遺稿を、公費で刊行、頒布することを許可した――もしかするとフレグ・ウルス治下で、彰徳をはじめとする華北の湯沐邑や全真教教団から刻工を調達してきて、漢籍の出版が行われていたかもしれない、という可能性が示唆される。そして、何よりも見逃してはならないのは、ここにフレグの侍医として明記される傅野こそ、かのFW MNJYその人にほかならない、という事実である。傅野の字《あざな》は中国の名前と字《あざな》の付け方の規則から、孟質だったと推測される。なお、もうひとりの萬家奴は名前からするとカラ・キタイの軍団の出身と推察されるが、ペルシア語で書かれたフレグ・ウルスの歴史書『ヴァッサーフ史』や『集史』第二部「サルグル朝史」によれば、

テュルク系の出身でキタイの文字（契丹文字、漢字の両方の可能性がある）の読み書きもできたらしい。『果樹園《ブースターン》』、『薔薇園《グリスターン》』などの作品で名高い詩人サアディーのパトロンにもなった。萬家奴に対するフレグ、アバカ父子の信頼は篤く、一時はファールスの統治を任されたほどであった。しかし後に政争に破れたため、アバカのはからいで、「功臣を死罪から救済するために、使節という名目を借りて国外追放する」モンゴルの慣習に依拠してクビライの大元ウルスに遣わされた。

モンケは、常徳の派遣からわずか半年後、自身の壮大な世界構想の実現を見ることなく、急死した。計画の大前提であるクビライの南宋制圧が遅々として進まぬことに業を煮やし、自ら出陣して無理を重ねた結果であった。モンケの留守中、カラ・コルムを預かっていたアリク・ブケが大聚会《イェケ・クリルタ》を開催して正式にカアンとなったが、クビライは強大な軍事力を背景に自らもカアンを名乗り、５年の戦闘ののち唯一のカアンとなった。フレグもカアンへの野望をもっていたが、帰還するには遠すぎた。そこでモンケの死後の混乱に乗じ、ジョチ家の諸王の力を借りながら制圧した西方の広大な地域を全て、大聚会《イェケ・クリルタ》に諮らず自らのウルスとすることを選んだ。この二つの違法なウルスが手を結ぶのは、当然のなりゆきといってよかった。クビライは、フレグのもとに使節団を派遣し、彼を正式なカンと認可し、「輔国安民之宝」という漢字を刻んだ印璽を与えた。そして、イベリア半島まで視野に入れたさらなる征西に向けて、三万の若い

騎兵を贈った。

(4) 大元ウルスとフレグ・ウルスの交流

南宋への遠征は、モンケの死後の政局の混乱と、大《イェケ》モンゴル国《ウルス》であると同時に北魏・唐・遼・宋・金といった歴代王朝の版図を継承する国家として、様々な政治体制を整備するために、10年近く中断した。再開にあたって、難攻不落の要塞たる襄陽の攻略を任されたのは、史天沢であった。前回の戦いにおける軍功はもちろんのこと、バグダード攻めで効果を発揮した投石機の技師を大量に抱えていることも考慮されたのだろう。ただこれらの投石機は飛距離が足りず、ムスリムのイスマーイールがヨーロッパの投石機を参考に改良・製作した巨石砲を使用してはじめて襄陽を陥落させることができた。そして最後の詰めの段階で総帥に任命されたのは、なんとフレグに貸与されていたクビライの軍団の将バヤンであった。クビライは、ほぼ毎年、フレグ・ウルスの内に設定されていた彼の湯沐邑の税収を受け取ること、会計監査を名目として使節団を派遣していた。バヤンは、1263年に大元ウルスに戻ってクビライに拝謁した後、瞬く間に文官としては第二位の中書省の左丞相まで昇進し、1274年には武官最高位の枢密院の長官の称号を付与され、杭州を目指して出立した。かれは、クビライの指示通り、そしてナスィールゥッディーン・トゥースィーがかつてバグダード制圧時にとった行動を再現するかのように、南宋の宮廷の宝物および書物をはじめとする「知」のすべてを、江南各地の官庁が所蔵する版木と併せて

大都の秘書監に一括運送した。

秘書監は、ユーラシアの東西の科学技術、芸術等の諸分野を一手に管轄する官庁で、マラーガの学術区と同じように、図書館・印刷所と写本製作所・天文台等の附属施設を有していた。古今東西のアラビア語やペルシア語、漢語、シリア語で書かれた書籍・地図・絵図を集積し、「知」の融合・発展に供したのである。

天文台はキタイ式とアラビア式両方の観測所があり、後者の長官は既述のジャマールゥッディーンであった。明らかにクビライもフレグと同様、モンケから天文台と暦の統一の構想を聞いていた。じっさい、『イル・カン天文表』と『授時暦』の作成中、東西の天文台は、それぞれのウルス全域に測量技師を派遣して収集したデーター—たとえば南は河南（いまの登封）の天文台の観測値が限度だったのが、南宋を接収したことによって一気に北緯15度までの知識を新たに入手できた——について情報の交換を頻繁に行っていた。ジャマールゥッディーンが1267年にクビライに献上した『万年暦』は『イル・カン天文表』の稿本段階のもの、1313年に可里馬丁＜per. Kalīm/Karīm/Kalima al-Dīnによって仁宗アユルバルワダに献上された『万年暦』は、ナスィールゥッディーン・トゥースィーの遺志を継いで作成された修訂本もしくは注釈本だろう。ちなみに『百万の書』は、大都の天文台にキリスト教徒・ムスリム・キタイあわせて約5000人の占星術師や占い師が雇われており、暦（パクパ文字・ウイグル文字・アラビア文字・漢字の4種）を販売して国の財源のひとつ

としていたことを伝える。

1280年の『授時暦』の頒布につづく国家プロジェクトは、フレグ・ウルスと大元ウルスのその時点での最良の地図を合体した世界地図――「天下地理総図」の製作で、そこにはムスリム商人たちが実地に確かめ、開発してきた“海の道”も詳細に記された（フレグ・ウルスは、製作開始から三年後、手薄であったヨーロッパ、地中海沿岸域、ジョチ・ウルスを描く地図を探求し、*mappa mundi* 世界図を入手する。改訂版の製作も予定されていたのだろう）。各地名は、ウイグル文字・アラビア文字・漢字を併記、相互に「外国語」を音訳したと推測される。またネストリウス派キリスト教徒で通訳のイーサーが統括する医薬を扱う部署では、東西の薬剤の名前の比較・対照表を作成するために、図鑑『大元本草』の編纂が進められた。ここに雇われたキタイの役人・医者の多くは、真定の出身、史天沢の旧幕僚であり縁故者であったことは、留意しておくべきだろう。

これらの文化事業と並行して、経済面では、華北と江南の度量衡が統一され、金と銀の両替の比率は1：10に固定された。建国当初より徹底した重商主義を採用し、史上最大の版図を獲得したモンゴルは、何につけ全ウルスで通用する“新たな統一基準”、現地の旧来の基準との“換算表”の設定を要した。大元ウルスの中書省が規定した度量衡の機器は、複数の官僚の監視・厳密な手続きのもとに製作・頒布された。現存する官製の分銅のいくつかには、漢文・パクパ字表記の漢音・アラビア文字ペルシア語・ウイグル文字モンゴ

ル語が対訳の形で刻まれている。フレグ・ウルスに於いても『大元聖政国朝典章』に載る規定とほとんど同じ手続きを踏んで官製の分銅が作られ、頒布されたことがわかっている。また、フレグ・ウルスでは、納税・収税等の簿記 istīfā'、計算 ḥisāb、特殊記数法 siyāqat などが発達し、それらのマニュアルが少なからず作成されたが、大元ウルスに於いても、漢語で“亦思替非文字”と書かれるこれらの特殊技術は、ムスリムやユダヤ教徒たちの子弟が通う回回国子監で教育・継承がなされていた。そして、財務を担当する官庁——尚書省を筆頭に地方の行政組織に至るまで、帳簿類はモンゴル語・ペルシア語・漢語の三種類の言語で作成されていた。

上述の 1280 年代に展開された一連の事業は、モンケの構想が基になっていたが、無論、クビライとフレグ・ウルスの歴代カンとの良好な関係があってはじめて可能になった。東南アジア遠征によるアラビア海・インド洋から広州・泉州・慶元に至る安全な海路の確保、東シナ海の短縮航路の開発、大都までの運河の連結は、ふたつのウルスの交流をさらに強固なものにするための政策であった。1287 年 4 月、大都の迎賓館——会同館で、フレグ・ウルスのアルグン・カン（アバカの息子）、中央アジアに割拠したオゴデイの孫カイドゥ、高麗の国王夫妻からの各使節団、日本への使節団のほか、砂糖職人や投石器の技師、『大元本草』編纂のスタッフ、天文の観測隊等が接待されていたという漢文の記録は、まさにユーラシアの東西の「知」の邂逅を象徴する資料といえるだろう。また、よく知

られているように、フレグ・ウルスの歴代カンは、大元大《イェケ》モンゴル国《ウルス》の支部として、マムルーク朝やローマ教皇庁、フランク王国、アラゴン・カタルーニャ連合王国といった地中海沿岸の諸国に何度も外交使節団を送っている。14世紀に、東は日本から西はイベリア半島まで、あらゆる分野の「知」の精髄を纏めた挿絵入りの百科事典が流行し、多言語辞書が頻繁に編まれるのも、こうした時代背景によるところが大きいだろう。

フレグ・ウルスに、大元ウルスの政治システムや文化事業を導入するにあたって、とくに重要な貢献を果たしたのは、ペルシア語資料で Pūlād Chīngsāng、漢語で孛羅丞相と表記されるボロト／ボラドである。かれは、史天沢の仲介でクビライ、チンキム父子に仕えたテクノクラートたちとともに大元ウルスの諸制度の設計に関わり、自ら指揮をとった人物であった。1282年に起こったクビライの財務官僚アフマドの暗殺事件の責任を問われ、翌年、既述の萬家奴になされた処分と同様、外交使節として中央アジアを通りフレグ・ウルスに“永久に”派遣されたのだった（このとき同行した秘書監のイーサーは、フレグ・ウルス で薬剤とそれらに関する文献を集めた後、速やかに帰国した）。

アルグン・カン、ガイハトゥ・カンは、ボロトの助言のもとに、金銀貨幣の純度を大元ウルスに合致させようと努力し、1294年には結局失敗に終わったが兌換紙幣 chāū鈔を導入した。ボロトは、アルグンの息子たち、ガザン・カン、オルジェイトゥ・カンの時代

にも重用された。そして、1300年以降、フレグ・ウルスのテクノクラート、すなわちガザンのケシクの侍医で宰相だったラシードゥッディーンが『集史』の編集を開始した際には、大元ウルスの領域に関わる様々な事柄や行政用語・固有名詞等について、インフォーマントとして多大な貢献をなした。また、ラシードゥッディーンの別の著作 *Āsār va Aḥyā'*『踪跡と生物』は、農業奨励のために書かれたマニュアル（中国やインドの作物——茶や桑、米等についても、詳細な紹介がなされる）だが、中国の農産物については、大元ウルスに於いて公費で大量に印刷・頒布された『農桑輯要』の情報を踏まえている。この事業は、まさにかつてボロトが担当・監督したものだった。

なお、『集史』第一部は、チンギス・カンの一族の正史『金冊』を軸に、ガザン・カンの口述を筆録したものや彼が発給した文書に基づき、それらを直訳に近い形で忠実に記述するため、極めて平易なペルシア語で書かれている。その続編に相当する『オルジェイトゥ史』や『シャイフ・ウヴァイス史』の文体も「平明」を旨としている。これは大元ウルスに於いて漢文で書かれた歴史書・技術書と共通する特徴である。『集史』をはじめとするフレグ・ウルスの国家編纂物のミニアチュールは、中国絵画から影響を受けているが、逆に元刊本において頁の上部3分の1を挿絵とするテキストが登場するのは、現在知られているところでは、1307年以降、大元ウルスの高官で書画の才能を以て名声を博した趙孟頫の原画が使用されたセヴィンチュ・カヤの『孝経直解』からであった。

3．結びにかえて

——“抄物”が有する「文化交流史の資料」としての可能性

フレグ・ウルスに多くの漢籍が流入していたことは、様々な資料から推測・確認することができる。例えば『集史』（MS: Paris, BnF, suppl. persan1113. f.174b.）に描かれるフレグ・カンとその后トクズ・カトン（オン・カンの孫娘）の玉座の紋様が、『元典章』やムスリムの薬剤書を漢訳した『回回薬方』の目次の大項目を飾る紋様と類似する。フレグ・ウルスおよびティムール朝のミニアチュールを多く収録する画帳には、元刊本の『二十四孝図』の一葉が貼付されている（Topkapı Sarayı Museum, Hazine2153, fol. 124b.）。

また、ラシードゥッディーンの書簡集や、かれが設立したタブリーズの学術区の寄進文書集によれば、そこには沢山の中国人の学者・医者たちが暮らしており、ラシードゥッディーンが海外から収集し・寄贈した蔵書六万冊の中に漢籍が相当量含まれていたらしい。『集史』第二部の「中国史」の序文は、ガザンの時代に大元ウルスからLY TAJY 李達之？、KM SWN 金遜？という名の医学・天文・歴史に通じた二人の学者が漢籍を携えてきた、と述べる。この二人はおそらくフレグの湯沐邑の彰徳もしくはペルシア語でKinjānfūと表記される京兆府（いまの西安）の涇陽、河中府いずれかの出身だろう。ちなみに、この序文のなかで、表意文字である漢字のなりたちや大元ウルス治下における官刻本の版木の作成・校正・印刷・販売・管理のシステムについても紹介されている。

ラシードゥッディーンは、上記の漢籍のうち、医学書である『王叔和脈訣』と『銅人』、薬学書である『本草』、金朝が編纂した政書だが1271年まで適用されつづけていた『泰和律令』（『大徳典章』は1304-07年頃、『大元通制』は1323年の刊行）の計四種類を部下に命じてペルシア語に翻訳させ、その叢書を *Tanksūq nāmah*『珍貴の書』と名づけた。叢書の最初の1種については、1313年の写本（MS: Istanbul, Süleymaniye Kütüphanesi, Ayasofya 3596）が伝来するが、今のところ、残りの3種は発見されていない（巻頭の約70葉に亘る長い序文には、ラシードゥッディーンが把握していたところの大元ウルス治下の文化の紹介が含まれる）。この『王叔和脈訣』のペルシア語訳は、それぞれ漢字五文字四句もしくは七文字四句から構成される歌訣、書名や人名等の固有名詞をアラビア文字でそのまま音訳しており、14世紀の漢字の音価――既述のフレグの湯沐邑、江南接収後に与えられた湖北の宝慶路などの発音と考えられる――を知るための資料として貴重であることは、早くから知られていた。しかし、ラシードゥッディーンが依拠した原書が、何年に刊行され、誰が著した注釈書なのか、長らく不明のままであった。1993年に、日本のイラン学研究者である羽田亨一が、巻数・冊数・刊行年等の諸条件、『纂図方論脈決集成』の断片的な引用と『新刊晞范句解八十一難経』のいくつかの挿絵とペルシア語訳の比較から、1266年に刊行された李駉の『晞范子脈訣集解』だと推測した。ただ、この書自体は現存していないため、確定できないままになっていた。

ところで、室町時代、学識ある高僧は、自分の寺の系列の僧侶たちや、パトロンたる公家、大名に対して、『史記』や『周易』などの漢文古典の講義を行った。その準備のために講師自身が用意したノート（時には元刊本や五山版の欄外に直接、関連の資料や先人・友人たちからの伝聞を書き込んだ場合もある）、授業の最中に弟子たちが口語そのままに書き取ったノート等を“抄物”という。彼らが参照し、筆写した漢籍は膨大な量にのぼる。今は失われた書物の名前やその著者、刊行の時期等を知ることができるばかりでなく、ときにはそれらの本文の抜粋を集めて概容を類推することも可能である。

京都の臨済宗の僧、桃源瑞仙の抄物、『百衲襖』（建仁寺蔵）／『周易抄』（京都大学附属図書館蔵）や『史記抄』（京都大学附属図書館蔵）から、鎌倉末期から室町にかけて、『晞范子脈訣集解』が伝来していたことは、確実である。実際、建仁寺の住持であった月舟寿桂が宋刊本の『史記』（米沢藩旧蔵／国立歴史民俗博物館蔵）の欄外に何箇所にもわたって抜粋した『晞范子脈訣集解』を、『珍貴の書』と比較してみると、巻数・文章ともにぴたりと一致する。また、熊本の大慈寺に住持していた篷庵道器という曹洞宗の僧が1544年に『八十一難経』について著した抄物、『難経篷庵抄』（杏雨書屋／京都大学附属図書館蔵）や、関東で行った『周易』の講義録『周易筮儀私記』（叡山文庫蔵）には、「晞范脈訣」と明記して、『珍貴の書』と同じ挿絵がいくつも完全な形で透写されている。このようにして、羽田亨一の推定が正しかったこと、同じ書物がフレグ・ウルスと日本国でほぼ

同時期に読まれ、翻訳されていたことが確認されたのである【図8－10】。

してみると、『集史』第二部「中国史」【図11】が、ペルシア語、アラビア語への翻訳に際して用いたネタ本の漢籍もまた、日本に伝来しているのではないか。いまのところ、TAYĠANJW泰安州出身のFWHYN和尚、FYNJW忻州出身のFYḪW和尚、LAWKYN洛京出身のŠYḪWN和尚という三名の僧侶の編纂に係ること、『仏祖歴代通載』が参照した書籍のひとつ（おそらくはモンケからクビライ、チンキム父子の治世にかけ、数回に亘り開催された有名な道・仏・イスラーム・キリスト各教の公開論争に於いて仏教側、特に少林寺ほか華北禅宗の高僧たちが提出・用いた中国通史。全真教に対する完全勝利ののちは、その価値はより高まっただろう。いまのところ、1231年以前、少林寺の高僧子成が著し、泰安州霊岩寺の住持足庵浄粛が1279年に序文を書いた『折疑論』にしばしば引用されている『緝事記』なる書が候補だが、現存しない。なお、論争・裁定の場には、かのボロト丞相もたちあっていたし、かれが愛読した中国史自体、『集史』と同じく盤古王からはじまるものだったこと、のちにかれと対峙した南宋の文天祥が証言している。『大元至元弁偽録』、『文山集』参照）と共通すること、この二点しか判っていないが、日本に眠る漢籍・抄物を発掘してゆけば、解決できるかもしれない。

モンゴル時代の研究に於いては、たとえ大元ウルスを中心に扱うにしても、漢文以外に、ペルシア語・アラビア語・テュルク語・モンゴル語・ヨーロッパ諸語が必須であり、これらの諸言語の資料を

史記一百五　扁鵲倉公列傳第四十五〔第七十四冊〕

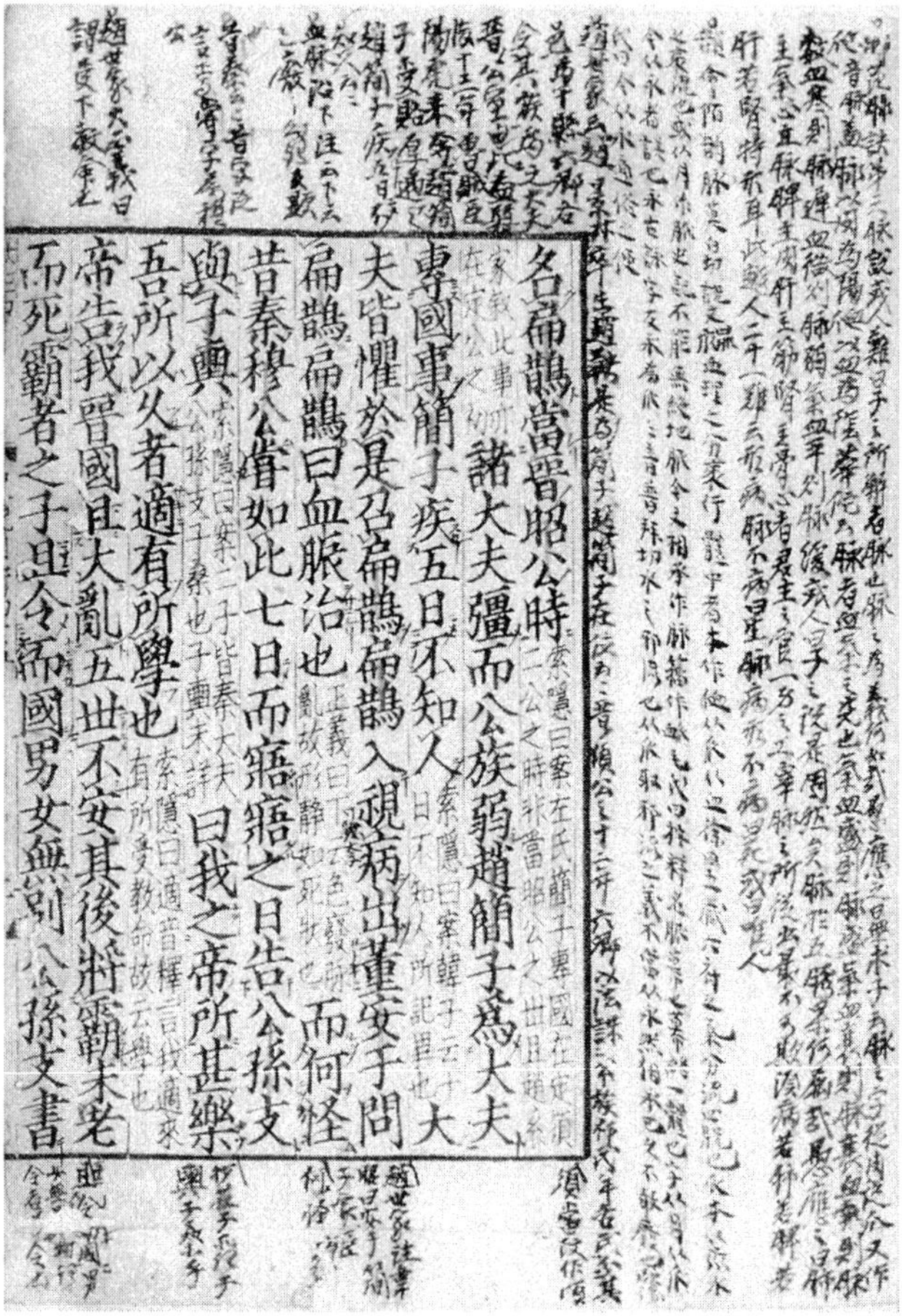

【図８】『史記』欄外に書きとめられた『脈訣集解』の記事

国立歴史民俗博物館所蔵　宋刊本

晞范脈訣第三。脈之説。或人難曰「子之所解者脈也。脈為義何如哉」。愚応之曰「無求子云『脈之字从肉从𠂢、又作衇。盖脈以肉為陽、衇以血為陰。華佗云【脈者血気之先也。気血盛則脈盛。気血衰則脈衰。血熱則脈数、血寒則脈遅。血微則脈弱、気血平則脈緩】』」。或人曰「子之説、是固然矣。脈於五臓果何属乎」。愚応之曰「肺主気、心主脈、脾主肉、肝主筋、腎主骨。心者、君主之官、一身之工、宰脈之所従出、最不可欺須病。若肺、若脾、若肝、若腎、特形耳。此越人二十一難云『形病脈不病曰生。脈病形不病曰死』」。

＊下線部は図９で翻訳されなかった箇所。

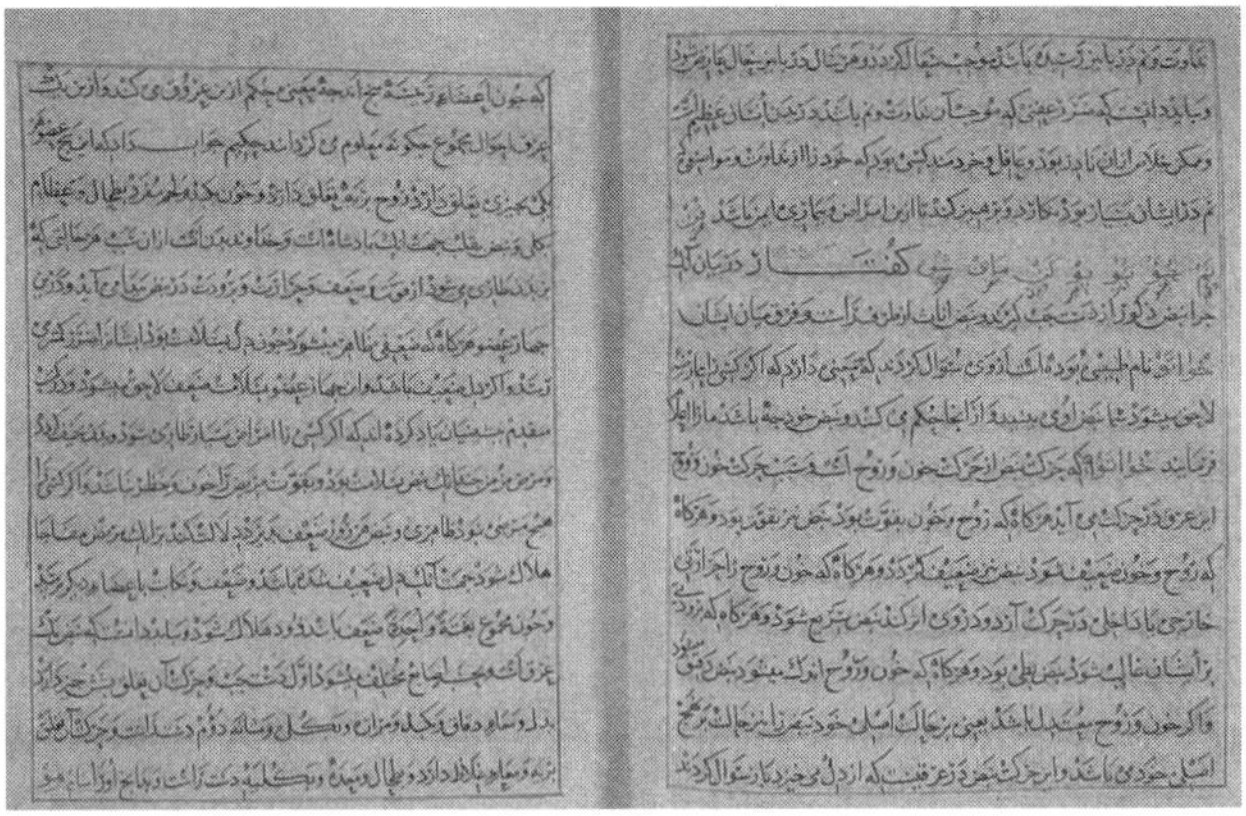

【図９】*Tanksūq nāmah* の該当記事　Istanbul, Ayasofya3596, f.100b-101a

fun 分　**nam** 男　**tsū**左　**nū**女　**yū**右
bakhsh 分割　**z̲ukūr** 男性たち　**yasar** 左　**inās̲** 女性たち　**yamīn** 右手
kan 看　**māī**脈　**shūh** 説
dīdan 看る　**nabz** 脈　**sukhun** 言

何故に左手から男性たちの脈を右側から女性たちの脈をとるのか、並びにかれらの間の差異についての解説の章：Khwā tau 華佗という名のひとりの医師がいたのである。かれに対し人々が問うたことには「若しある人が軽い病気に罹りかけていたとして、貴方がかれの脈を診て、そこからなされる断の解釈、さらには脈自体が如何様であるのか、我らに警告をなされよ」。**Khwā tau 華佗**が言ったことには、「脈の動きは、血と rūḥ 気の動きにもとづく。血と気の動きの理由はこの脈管が始動するからだ。気と血が活発である場合には脈もまた強力であり、気と血が貧弱となった場合には脈もまた弱まる。血と気を外もしくは内の熱が動かしてかれに影響を及ぼす場合には、脈が速くなる。寒さがそれら（＝血と気）に勝つ場合には、脈は遅い。血と気が僅少になりつつある場合には、脈が微細になりゆく。若し血と気が穏健であれば、すなわちそれ自体の本来の状態下では、脈も常にそれ自体の本来の状態のままである。この脈の動きは、心臓によって跳躍する脈管のうちにある」と。再び人々が問うたことには「根本の諸臓器は五つなのだから、これらの脈管からいかなる断の解釈がなされるか、これらひとつひとつの脈管から全体の状態がどのように判明するのか」。賢者が答えたことには「これらの五つの臓器はそれぞれ帰属するものがある。気は肺に帰属し、血は肝臓に、単体の肉は脾臓に、諸骨は腎臓に、脈は心臓に――（心臓が）君王であり身体の主である理由は、身体に突然起こる各状態の原因によって、強・弱・熱・寒が脈のうちに現れるからだ。（心臓以外の）これら四つの臓器に衰弱が表れつつある場合、心臓が無事である時は、それらは損傷にほとんど到らない。若し心臓が衰弱していたら、これらの四つの臓器はゆるやかに衰弱へ向かう。いにしえの書に於いて先人たちは『若しある人に多くの症状が突然現れて身体が痩せるが脈は平穏で強いといったような慢性病なら、患者に恐れ・危険はない。しかし、若しある人に外見上いかなる症状も生じず、脈が日々衰弱を受け入れているなら、患者は突然死に導かれるだろう。心臓が衰弱していて、衰弱・諸害がほかの諸臓器に到達し、総てが急に一律に衰弱もしくは停滞すると、死ぬためだ』と述べている」。
＊強調部分は朱筆で書かれている。下線部は原文と異なる翻訳。

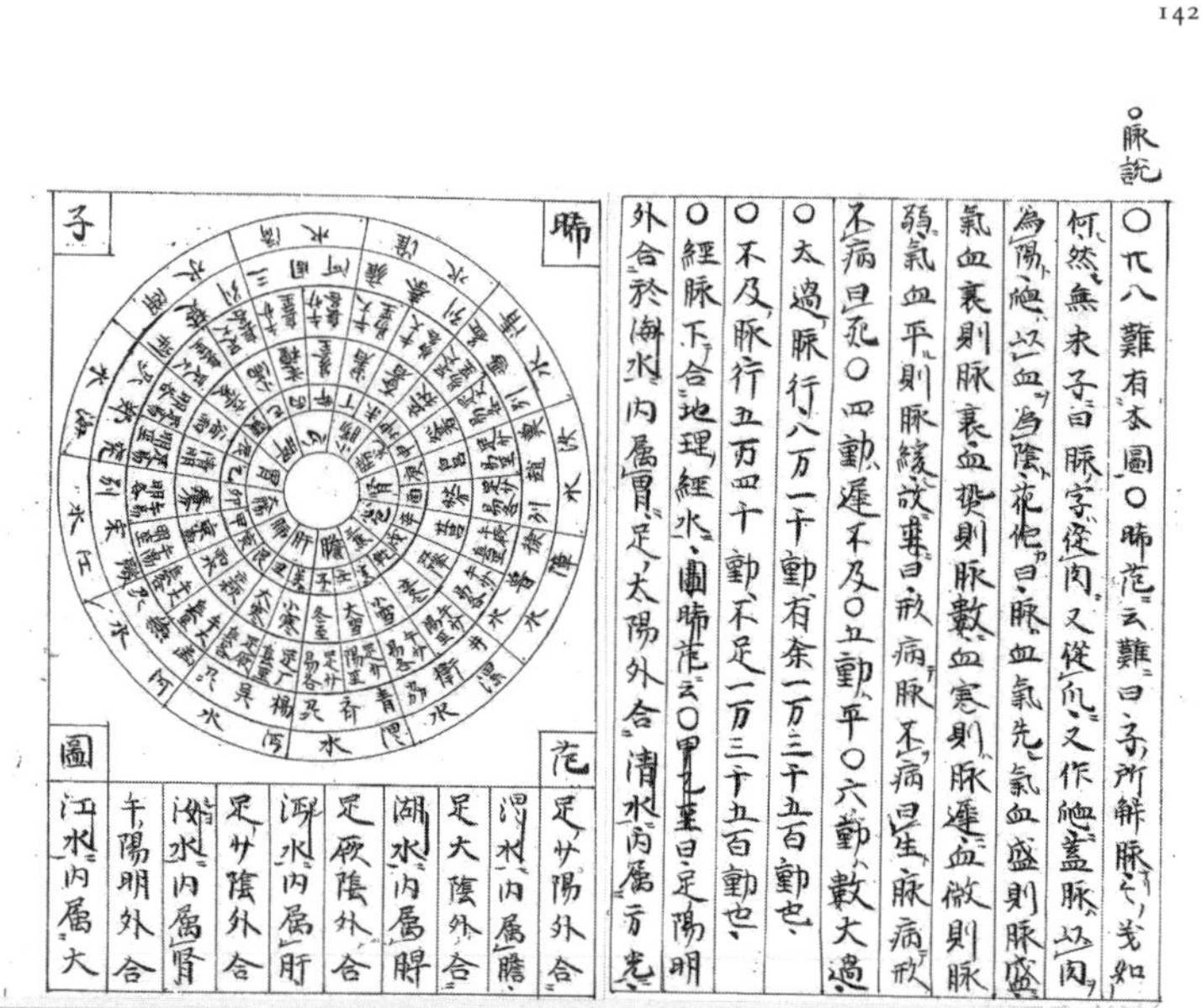

脉説

○廿八難有本圖○晞范云難曰子所解脉之義如何然無求子曰脉字從肉又從𠂢又作䘑蓋脉以肉為陽䘑以血為陰范氏曰脉血氣先氣血盛則脉盛氣血衰則脉衰血熱則脉數血寒則脉遲血微則脉弱氣血平則脉緩故華曰欲病脉不病曰生脉病形不病曰死○四動遲不及○五動平○六動數大過

○太過脉行八万一千動有余一万三千五百動也

○不及脉行五万四千動不足一万三千五百動也

○經脉下合地理經水圖晞范云○甲乙經曰足陽明外合於海水内屬胃足太陽外合清水内屬方光

晞范子圖

足サ陽外合渭水内屬膽足大陰外合湖水内屬脾足厥陰外合沔水内屬肝足サ陰外合汝水内屬腎手陽明外合江水内屬大

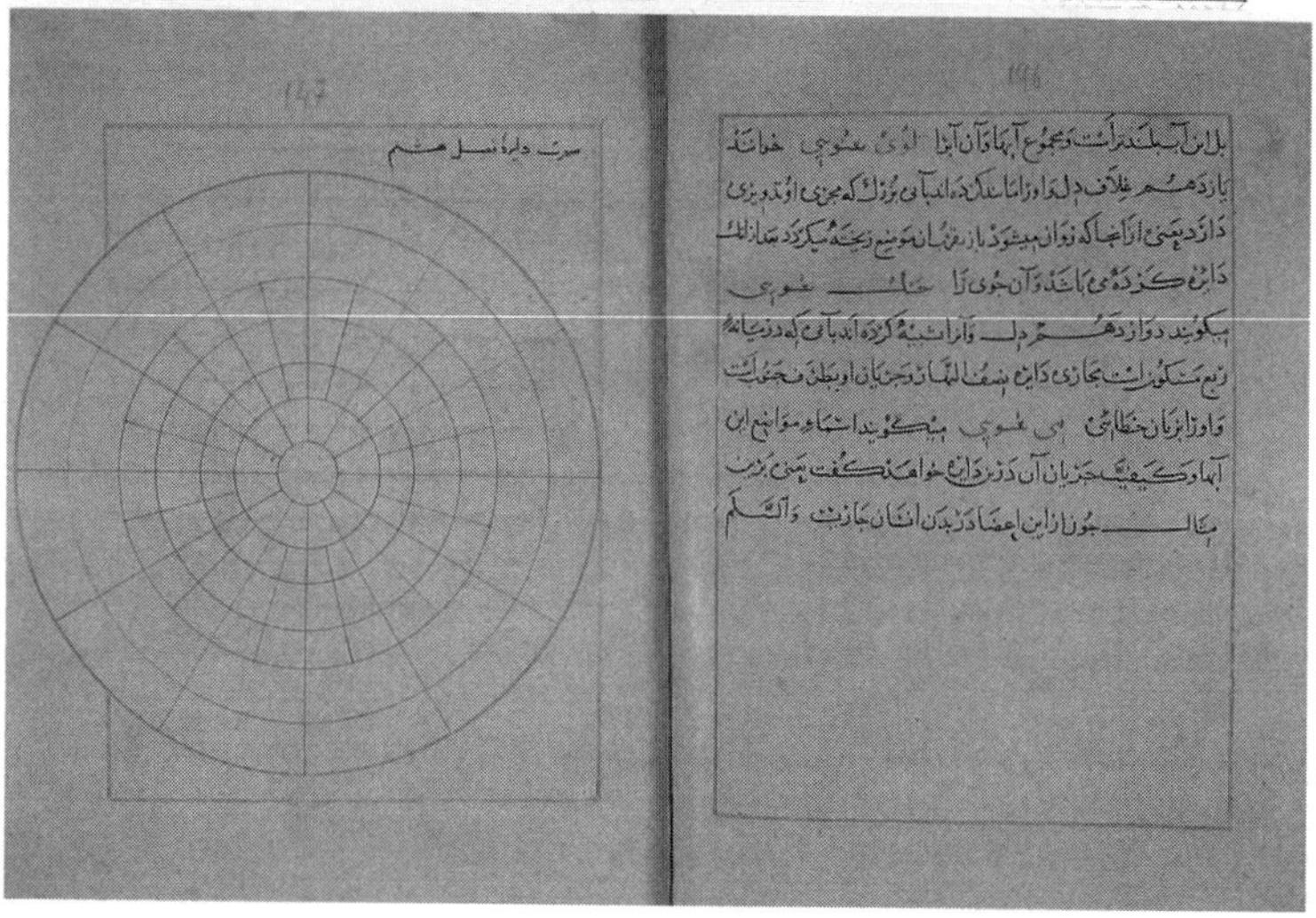

【図10】『難経蓬庵抄』と *Tanksūq nāmah* の該当箇所

京都大学附属図書館富士川文庫蔵　Istanbul, Ayasofya3596, f.72b-74a

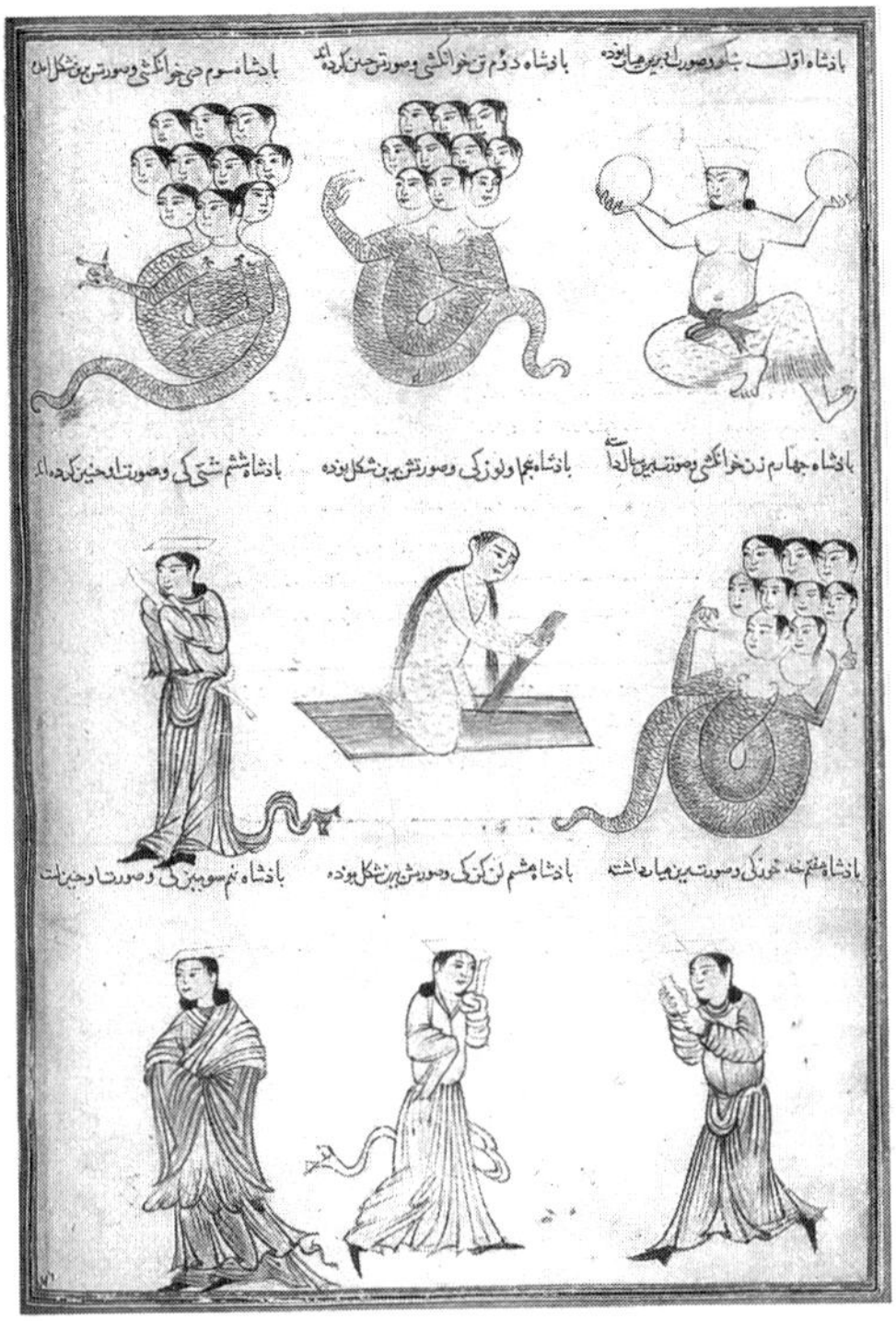

【図11】フレグ・ウルスにおいて読まれた挿図本「中国史」

Jāmi'al-Tavārīkh:Tārīkh-i aqvām-i pādshāhān-i Khitāī,
MS:Istanbul, Topkapı Sarayı Hasine1653, f.394v.
(Karl. Jahn, *Die Chinageschichte des Rašīd ad-Din*, Wien, 1971, tafel.7.)

上段右から Pankū 盤古、Tinkhwāngshī 天皇氏、Dīkhwāngshī 地皇氏、Žinkhwāngshī 人皇氏、Wūlūnkī 五龍紀、Shatīkī 攝提紀、Khahkhūnkī 合熊紀、Linkinkī 連逕紀、Sūmīnkī 叙命紀の図像。盤古の両手の円盤は、『図像合璧句解君臣故事』（前田尊経閣文庫蔵五山版）巻頭の【盤古立極】や『事林広記』「人紀類」【人極肇判之図】をみてはじめて、太陽と月だとわかる。ほんとうは、左手の円盤に三足のカラスを、右手の円盤には杵を搗く兎を描かねばならなかった。天皇氏は一身十三頭、地皇氏は十一頭のはずだが、ともに十頭となっている。これらの図像は、ほかの古写本でもほぼ同じデザインなので、画家の想像の産物ではない。このあと金・南宋の最期の皇帝まで、目立った特徴のない肖像が続き、どうも途中から機械的に臨写していたようだ。衍字ならざる記事の重複（二・三人で臨写作業していた？）もあって、途中で図像と解説がズレてしまっている。なお、現存しないが、『集史』巻末には歴代王朝勢力地図も附されていたという。

世界各地の所蔵機関に赴き調査し、できるだけ最古最良のテキストを選んで収集・分析しなければならないこと、周知となりつつある。それにくわえて、日本の鎌倉末期から江戸時代の膨大な日本語資料——抄物はもちろん年代記・公家や僧侶たちの日記・随筆も有効な手がかりとなりうること、“書物の道”を辿る作業には、考古・歴史・文学・音韻・美術・宗教・科学等あらゆる分野の知識を必要とし、したがって果て無き遥かな旅路が続くこと、以上を強調してこの概説を終えることにしたい。

参考文献

・『学びの世界——中国文化と日本』(共著) 京都大学附属図書館・総合博物館・文学研究科　2002年

・『モンゴル時代の出版文化』名古屋大学出版会　2006年

・『モンゴル帝国が生んだ世界図』日本経済新聞出版社　2007 年

・『モンゴル時代の「知」の東西 (上)・(下)』名古屋大学出版会　2018年

・「ひっくりかえった葡萄棚の謎」『人文』50　2003年3月　pp.41-42.

・「幻の『全室藁』」『漢字と情報』11　2005年10月　pp.4-5.

・「滝沢馬琴とパクパ字印」『人文』55　2008年6月　pp.38-40.

・「コラム——現存最古級の世界地図『混一疆理歴代国都之図』」、「地図で見るworld——モンゴルの世界征服」週刊朝日百科『週刊新発見！日本の歴史⑳鎌倉③対モンゴル戦争は何を変えたか』　朝日出版社　2013年11月　pp.15-17.

・「白と黒のエチュード——『クビライの動物園』より」『人文』62　2015年6月　pp.32-34.

・「古今東西の『知』の統合：ラシード＝アッディーン『集史』」「東西文化の邂

逅：李志常『長春真人西遊記』」「コロンブスをも魅了した東方の驚異：マルコ＝ポーロ『世界の記述』」「諧謔の旋律：関漢卿ほか“元曲”」、「チンギス・カン讃歌――モンゴル版『古事記』：『元朝秘史』」「中国史入門のベストセラー：曾先之『十八史略』」池田嘉郎・上野慎也・村上衛・森本一夫編『名著で読む世界史 120』山川出版社　2016 年 11 月　pp.159-161，pp.189-203.

- 「虫眼鏡でアガサ・クリスティを覗いたら」『図書』817　岩波書店　2017 年 3 月　pp.34-38.
- 「和算の源流をもとめて――『モンゴル時代』の贈り物」『科学』岩波書店　2017 年 10 月　pp.940-947.

【附記】本稿は、“Knowledge” East and West during the Mongol Period, *Acta Asiatica*, No.110, Feb /2016, pp.19-37. に、文部科学省科学研究費補助金（基盤研究 C）の研究成果を加えたものである。

図版説明

【図 1 】カラ・ホト出土文献と『標題音訓直解文公小学書』巻三 1b-2a（前田尊経閣文庫蔵　元刊本）

【図 2 】カラ・ホト出土文献と『重刊孫真人備急千金要方』巻二十二 23 葉（中国国家図書館蔵　元刊本）

【図 3 】カラ・ホト出土文献と『重校正地理新書』巻一 5 葉（中国国家図書館蔵　金～元刊本）

【図 4 】カラ・ホト出土文献と『毛詩旁解』巻一 1 葉（上海図書館蔵　元刊本）

【図 5 】1290 年代に Giotto di Bondone が模したパクパ字風の書物

【図 6 】チャガタイ家の華北太原における投下領の存在を示す碑刻

【図 7 】チャガタイ家の江南福建における投下領の存在を示す経典

《執筆者》
中砂　明徳（なかすなあきのり）　1961年生まれ　京都大学大学院文学研究科教授　16～17世紀アジア史
矢木　　毅（やぎたけし）　1964年生まれ　京都大学人文科学研究所教授　朝鮮中世近世史
宮　　紀子（みやのりこ）　1972年生まれ　京都大学人文科学研究所助教　モンゴル時代史

京大人文研漢籍セミナー7

漢籍の遥かな旅路
出版・流通・収蔵の諸相

二〇一八年二月二〇日第一版第一刷印刷
二〇一八年三月　八日第一版第一刷発行

定価［本体一七〇〇円＋税］

編　者　京都大学人文科学研究所
　　　　附属東アジア人文情報学研究センター
発行者　山本　實
発行所　研文出版（山本書店出版部）
〒101－0051
東京都千代田区神田神保町二－七
TEL 03（3261）9337
FAX 03（3261）6276
印刷・製本　モリモト印刷

ISBN978-4-87636-434-3

京大人文研漢籍セミナー シリーズ

古いけれども古びない
歴史があるから新しい

1 漢籍はおもしろい 1800円
総説 漢籍の時空と魅力 武田時昌
錯誤と漢籍 冨谷 至
漢語仏典—その初期の成立状況をめぐって 船山 徹
使えない字—諱《いみな》と漢籍 井波陵一

2 三国鼎立から統一へ—史書と碑文をあわせ読む 1500円
魏・蜀・呉の正統論 宮宅 潔
漢から魏へ—上尊号碑 井波陵一
魏から晋へ—王基碑 藤井律之

3 清華の三巨頭 1800円
王国維—過去に希望の火花をかきたてる 井波陵一
陳寅恪—〝教授の教授〟その生き方 古勝隆一
趙元任—見えざることばを描き出す 池田 巧

4 木簡と中国古代 1600円
中国西北出土木簡概説 冨谷 至
漢代辺境出土文書にみえる年中行事—夏至と臘 目黒杏子
木札が行政文書となるとき—木簡文書のオーソライズ 土口史記

5 清 玩—文人のまなざし 1900円
古鏡清玩—宋明代の文人と青柳種信 岡村秀典
李漁の「モノ」がたり—『閒情偶寄』居室・器玩部より 髙井たかね
利他と慈悲のかたち—松本文三郎の仏教美術観 稲本泰生

6 目録学に親しむ—漢語を知る手引 1500円
目 録 学—俯瞰の楽しみ 古勝隆一
子部の分類について 宇佐美文理
目録学の総決算—『四庫全書』をめぐって 永田知之
附録 漢籍目録の参考文献 古勝隆一

7 漢籍の遥かな旅路—出版・流通・収蔵の諸相 1800円
モンゴル時代の〝書物の道〟 宮 紀子
明末の天主教漢籍と日本のキリシタン版 中砂明徳
漢籍購入の旅—朝鮮後期知識人たちの中国旅行記をひもとく 矢木 毅

〈以下続刊〉

＊表示は本体価格です。